2023 변호사시험 대비

형사기록 엑기스

변호사 박성현 지음

머리말

　강의자료로 활용되던 자료들을 모아 '형사기록엑기스'를 출간한 지도 햇수로 4년이나 지났습니다. 매년 개정판을 거치면서 조금씩 수정사항이 늘어나긴 했으나, 항상 개정사항이 최소화되도록 노력하였습니다. 이번에도 추가하고픈 쟁점들이 많이 있었으나, 쟁점만을 나열하게 되면 기존에 출간돼 있는 요약서와 별반 다르지 않게 될 것을 우려하여 그러하지 않았습니다.

　흩어져 있던 형법과 형사소송법 쟁점을 한데 묶어서 실제 기록에 어떻게 적용되는지, 그리고 기록 쟁점을 찾는 갖가지 요령들을 본 핸드북에 깨알같이 공개하였습니다. 기재례와 별개로 증거능력을 설명하는 파트는 그 자체로 기재례 형식을 취하고 있는 만큼 그대로 암기하여 활용하시면 되겠습니다. 비록 적은 양이지만, 기록 보는 요령에서부터 메모 작성법, 제325조 후단 무죄 쟁점 및 전단 무죄 쟁점, 증거능력 및 증명력 제반 문제들에 이르기까지 현 변호사시험 형사기록형 대비에 충분한 내용을 담고 있습니다. 너불어 세 강의를 활용하신다면 형사기록형에서의 고득점도 충분히 노려봄직 합니다.

　나아가 올해 변호사시험에서도 본 핸드북만으로 빈틈 없이 형사기록 대비가 가능했다는 수험생들의 후기를 직접 들을 수 있어서 진심으로 다행이며 기쁨이었습니다.

2022. 3.

박 성 현

목차

1. 기록 보는 순서 / point. 합리적인 예단! ·· 1
2. 메모법 ·· 2
3. 구체적인 검토 ·· 3
   가. 공소장 ·· 3
   나. 증거목록 ·· 4
   다. 제1회 공판조서 ··· 5
   라. 제2회 공판조서 ··· 6
   마. 수사기록 ·· 6
4. 제325조 후단 무죄 ·· 8
   가. 쟁점 ·· 8
   나. 검토순서 ·· 10
   다. 증거능력 없는 증거 ·· 11
   라. 신빙성 탄핵 ·· 16
5. 제325조 전단 무죄 ·· 17
6. 면소 ·· 38
   가. 개관 ·· 38
   나. 확정판결이 존재하는 경우 ··· 38
   다. 공소시효 완성 ·· 38
7. 공소기각판결 ··· 40
   가. 친고죄의 적법한 고소 여부 ··· 40
   나. 친고죄·반의사불벌죄에 있어서 고소취소장 또는 처벌불원서의 제출 ········· 40
8. 이유무죄, 축소사실 경합 문제 ··· 42
   가. 이유무죄, 축소사실 면소(제3호) 경합의 경우 ··························· 42
   나. 이유무죄, 축소사실 공소기각 경합의 경우 ······························· 42
9. 보석허가청구서(변시 8회 변형) ··· 43
10. 기재례 ··· 46

1. 기록 보는 순서 / point. **합리적인 예단!**

　공소장(양식 찢어서 보면서 피고인별 목차 확인, 제2쪽)
　　↓
　제1회 공판조서(피고인의 각 공소사실에 대한 입장 즉 자백 및 부인) 확인하고 쟁점 이해
　　↓
　제2회 공판조서(피고인 및 변호인의 질문·주장, 다른 공범자의 진술, 증인신문조서)
　　↓
　증거목록(증거의견, 공범의 증거법 관계)
　　↓
　수사기록(증거능력이나 증명력 배척의 사유 검토)

2. 메모법

[메모상단 기재사항] 공소제기일자 / 석명사항 / 기타 지시사항(ex. 김갑동은 증거능력 판단하지 마시오)

피고인	죄명	공소사실	인부	쟁점
체포된 경우라면, 체포일시, 장소, 범죄사실	양식 부분에서 특정한 죄명만 메모	범행일시 @장소 v. 피해자 w. 목격자 피해품	1회 공판조서에서 추출 ○ ─────────→ ✗ (취지) ─────────→ △ (취지) ─────────→	보강증거 혹은 무죄·면소·공소기각 사실인정 사실인정

Tip 당해피고인에 감정이입 - 피아식별

증거관계+	증거관계-	비고	결론
피고인 및 변호인의 주장 및 질문 각 조서 (쪽수, 키워드) 제3자 진술 중 우호적인 대목	증거목록상 "✗"된 증거들 위수증/전문증거 주로, 공범자 진술 목격자 진술 피해자 진술	친족관계여부(가족관계증명서) 친고죄 – 범인을 알게된 날(~6月) 고소일자(접수일자) 친고죄·반의사불벌죄 – 고소취소 및 합의서 제출일자 (혹은 공판기일에서 처벌불원을 표시한 일자) 상상적경합/포괄일죄의 확정판결 – 사실심판결선고일 (약식명령발령일)·확정일	

3. 구체적인 검토

가. 공소장

1) 공소제기일자 확인

- 공소시효 문제: 범행일시가 2015년 이전이면 예단 가질 것!
  시효가 5년 혹은 7년 도과된 것인지 확인

  🆃🅸🅿 공소시효 5년 - 폭행죄, 협박죄, 점유이탈물횡령죄, 강제집행면탈죄 등

공소시효	형사소송법 제249조
10년	장기 10년 이상의 징역
7년	장기 10년 미만의 징역
5년	장기 5년 미만의 징역

- 공소기각판결 사유: 공소제기 **전** 고소취소·처벌불원이면 제327조 **제2호**, 공소제기 **후** 고소취소 또는 처벌불원이면 각 **제5호** 또는 **제6호** 사유

  🆃🅸🅿 서류 접수일자 확인(작성일자X)

공소제기 전 (고소취소 · 처벌불원)	공소제기 후 (고소취소 · 처벌불원)
제327조 제2호	제327조 제5호(친고죄)
	제327조 제6호(반의사불벌죄)

2) 범행일시, 장소, 피해품(압수물·압수조서 위법확인용) 확인
   ㄴ 공소시효와 관련   ㄴ 피해품 여러 개면 위수증이 되는 근거나 법리상 쟁점 각각 다를 것

3) 피고인 및 피해자 나이 확인

- 피고인의 나이가 **만14세 미만**이면 형사미성년자로서 제325조 전단 무죄
- 성범죄에서 피해자가 미성년자라면 해당 범죄의 공소시효는 **피해자가 성년이 된 때**로부터 기산, 피해자의 나이가 **만13세 미만**이라면 **미성년자의제강간죄** 등 성립이 문제, 아청법의 적용대상인 아동·청소년은 19세 미만의 자(다만, 19세에 도달하는 연도의 1월 1일을 맞이한 자는 제외)

4) 죄명 및 피해액 확인(특히 재산범죄나 수뢰죄에서 유의미)

- 죄명이 재산범죄라면 연쇄 연상
  ① 상대적 친고죄 아닐까? -> 가족관계증명서나 기록 속 진술을 통해서 피해자와의 친족 관계여부를 확인해볼까? -> 상대적 친고죄가 맞다면, 고소취소장·합의서는 (언제) 접수됐나?
  ② 피해자 특정은 올바른가?
  ③ 피해액은 정확한가?
  ④ 피해물품이 여러 개? 쟁점이 여러 개?

절대적 친고죄	**비**밀침해죄, 업무상비밀**누**설죄, **모**욕죄, **사**자명예훼손죄, 2013.6.19.이전에 범행한 **강**간죄·강제추행죄 등
상대적 친고죄[1]	권리행사방해죄, 절도죄, 사기죄, 공갈죄, 횡령, 배임죄, 장물죄 폭처법위반(공동공갈) 특경법위반
반의사불벌죄	폭행죄, 존속폭행, 과실치상죄, 협박 및 존속협박죄, 명예훼손죄, 출판물 등에 의한 명예훼손죄, 교특법위반(제3조제2항본문), 정통망법위반(명예훼손), 부수법위반(부도수표발행)

- 축소사실을 내포하고 있는 범죄, 예를 들면 **특가법위반, 특경법위반, 성폭법위반, 아청법위반, 폭처법위반, 강도죄, 공갈죄.....** 등에서 **절대 축소사실 쟁점 누락 방지!!!**

  - 공소장의 기재 자체로 법리를 적용하면 곧바로 제325조 전단 무죄 판단이 되는 경우, 예를 들면 공소장 기재 자체로 불법원인급여임이 드러난 경우라면 횡령죄 불성립한다고 공소장에 바로 결론 메모 → 기록 볼 때 관련 내용 skip [목차: 가. 관련법리 나. 소결]

나. 증거목록

1) 증거목록 상 '증거의견 ✘' 인 증거 확인!

   - **사경** 또는 '**검찰**' **피신조서**에 대해서 '증거의견 ✘'면 내용부인 혹은 내용부인 취지의 증거부동의를 의미하므로 곧바로 증거능력 부정

---

[1] 형법 제328조 제2항 친족상도례 규정, 해당규정은 강도죄와 손괴죄를 제외한 재산범죄에 준용

- 나머지 조서 및 진술서 등에 대해서 '증거의견 ✗'이더라도 진정성립진술 유무에 의하여 증거능력 여부 결정 ─────────→ **증인신문 실시 여부** check!

- 공동피고인에 대한 사경작성·검사작성의 피신조서에 대해서 '증거의견 ✗'면 **공범관계**에 있는지 여부 확인! **공범이 아니라면 증거능력 없다**는 예단可
  Tip 증인신문에 의한 진정성립 필요하고 이때 변론분리가 되었는지를 확인

  > **주의** 증거능력 없는 증거와 관련하여, 증거목록에는 없지만, 변론에서 나타나는 증거들 즉 **법정진술(증언포함)**의 증거능력 유무를 누락해선 안 됨. 이 때 **전문진술**이 주된 쟁점인바, **원진술자가 당해 피고인인지 아니면 공동피고인인지**에 따라 증거능력이 결정됨

2) 압수물·압수조서가 나오면 위수증 의심

   - 압수된 물품들이 위법수집증거에 해당한다면 '**증거의견 O**' 있어도 증거동의 대상 아니어서 **증거능력 없음**(반드시 답안에 현출!). 인과관계 단절·희석되지 않은 2차증거에 있어서도 마찬가지

3) 검사제출 증거목록 뿐만 아니라, 피고인 제출 증거목록에 주의, 합리적 예단!

   ① 합의서 → 관련 범죄가 친고죄나 반의사불벌죄에 해당?
      혹은 축소사실로서 친고죄·반의사불벌죄가 문제되는 것은 아닌지?
   ② 판결문, 약식명령 → 기판력 쟁점?
   ③ CCTV, 통신사실확인자료, 금융거래내역서 등 객관적 증거 → 제325조 후단 무죄?

다. 제1회 공판조서

- 자백 여부 확인(공소사실의 인부)
- 자백 → 보강증거(없으면 제325조 후단 무죄) → 법리 혹은 면소, 공소기각 사유
- 부인 → 사실인정 → 증거 및 증명력에 대한 판단

라. 제2회 공판조서

- 부인하는 범행에 대해서, 공소사실과 피고인이 주장하는 사실이 어떻게 다른지 정리
- 증거관계+: **피고인의 진술, 공소사실에 배치되는 증인의 진술** 등
  특히 피고인 및 변호인의 주장은 모두 메모
- 증거관계-: **공소사실에 부합하는 증인의 진술**(공범자, 피해자, 목격자)
  💡 내용 길면 키워드, 쪽수 메모
- 증인에 대한 진술조서 및 증인이 작성한 진술서 등에 대해 **진정성립 여부** 확인

> 주의 공범 혹은 공범 아닌 공동피고인의 관계에서 당해피고인이 **피고인으로** 진술하는지, 증인으로 진술하는지 확인! (즉 공판조서에 기재? 증인신문조서에 기재?)
> 판례는 공범인 공동피고인의 경우 반대신문권이 보장되는 것을 전제로 피고인으로서의 법정진술에 대하여 증거능력을 인정하고 있는 반면, 공범 아닌 공동피고인의 경우 증인적격이 있는 자이므로 반드시 증인으로 선서한 후 증언을 해야 증거능력이 인정된다는 입장

마. 수사기록

1) 위수증 쟁점 및 면소, 공소기각 쟁점 확인

- 긴급체포서 등이 생략 표시 없이 공소장에 첨부되어있다면, **체포가 위법**하거나 적법한 체포에 뒤이은 **체포현장에서의 압수 및 긴급압수 등이 위법**하다는 것을 암시: 체포가 현행범인 체포 및 긴급체포의 요건을 불비하여 위법하게 되거나, 체포가 적법하더라도 피의사실과 관련 없는 압수물로서 별건 압수가 되거나, 체포현장에서의 압수 이후 사후 영장을 발부받지 않았다거나, 긴급압수와 관련하여 적법한 시간 내 압수가 이루어지지 않아서 압수가 위법하게 되는 경우 등이 이에 해당
- 긴급체포서, 현행범인체포서를 통한 확인 사항
  ① 체포 일시(사후영장발부가 체포된 때로부터 48h 이내인지, 제217조 긴급압수가 24h 이내인지),

② 장소(경찰서라면 불법체포 예단),

③ 피의사실(별건압수 여부), (긴급)체포 사유

> **참고** 불법체포 → 압수 및 진술(그 자체로 위수증)
> 적법체포 → 위법한 압수(압수물 위수증) → 그 압수물 제시하고 얻은 진술만 위수증

2) 신빙성 검토의 근거 추출

- 통신사실확인자료, 금융거래내역서등 객관적 증거 확인(ex.뇌물-언제, 어떻게, 시간차, 액수)

- 수사단계별 진술의 일관성 확인(ex.밀쳤다→뺨을 때렸다 뉘앙스 변화)

- 피고인의 전과(범죄경력조회서)(ex.사기·마약 전과-믿기 어려운 사람이다)

- 그 外 근거들

3) 수사보고서 등

4. 제325조 후단 무죄

가. 쟁점

- **공모 혹은 교사행위** 부인
- **공모관계이탈, 교사관계이탈** 주장
- 장물죄에서 **장물이라는 점에 대한 고의** 부정(소지자의 신분-장물을 자주 다루던 자인지, 재물의 성질-장물로 잘 유통되는지, 거래의 대가 기타 상황을 고려-실제 거래 대가에 비해 지나치게 염가)
- 사기죄에서 **편취의 고의** 부정(범행 전후의 피고인의 재력·환경-변제자력·변제의사 유무, 범행의 내용-비현실적 이율, 거래의 이행과정 등을 고려) … 간접적 증거를 통해서 구체적·주관적 고의 추단
- **음주운전** 부인
  ① 음주 측정 방법이 부정확할 수 있는 경우-입 헹구지 않음
  ② 운전시점과 음주측정시점이 달라 위드마크 공식 적용한 수치가 단속수치에 근사치로 나온 경우
  ③ 운전시점·측정시점이 혈중알콜농도의 상승기인지 하강기인지 확정할 수 없는 경우 - 최종 음주시로부터 30분~90분 사이인 경우

> **비교** 운전 시점과 혈중알코올농도의 측정 시점 사이에 시간 간격이 있고 그때가 혈중알코올농도의 상승기로 보이는 경우라 하더라도, 그러한 사정만으로 실제 운전 시점의 혈중알코올농도가 처벌기준치를 초과한다는 점에 대한 입증이 불가능하다고 볼 수는 없다. 이러한 경우 운전 당시에도 처벌기준치 이상이었다고 볼 수 있는지 여부는 <u>운전과 측정 사이의 시간 간격, 측정된 혈중알코올농도의 수치와 처벌기준치의 차이, 음주를 지속한 시간 및 음주량, 단속 및 측정 당시 운전자의 행동 양상, 교통사고가 있었다면 그 사고의 경위 및 정황 등 증거에 의하여 인정되는 여러 사정을 종합적으로 고려하여 논리와 경험칙에 따라 합리적으로 판단하여야</u> 한다(대판 2013.10.24. 2013도6285).

- **성범죄에서의 고의 부정**
  ① 강간죄에서 합의에 의한 성관계임을 주장
    🆃🅸🅿 모텔 들어가기 전/모텔 안/모텔에서 나온 후. 시간 흐름 순으로 증거 정리
  ② 준강간죄에서 피해자가 인사불성이 아니었다고 주장
  ③ 아청법위반에서 아동·청소년인 사실을 몰랐다고 주장
- **특가법위반**(도주차량)에서 **구호조치의 필요성** 부정(ex. 저속(30km/h)으로 운전하다가 후사경으로 팔꿈치 친 경우 − 구호조치 필요성無)
- **무면허운전의 고의** 부정(ex. 운전면허 적성검사 기간 도과)
- 음주측정불응죄에서 '**술에 취하였다고 볼 만한 상당한 이유**' 부정(음주측정 요구 당시 개별 운전자마다 그의 외관·태도·운전 행태 등 객관적 사정을 종합하여 판단하여야 하고, 단지 음주감지기에 반응이 있었다고 하여 바로 술에 취한 상태에서 운전하였다고 인정할 수 없음)
- **교특법 제3조 제2항 단서 예외조항** 부인
  ① 신호위반 부인
  ② 중앙선 침범 부인(중앙선침범이 사고의 직접적 원인이 아니거나 사고에 부득이한 사유가 있는 경우)
  ③ 고속도로 등에서 후진 부인(일반도로에서 후진하다가 교통사고를 낸 경우)
  ④ 횡단보도 보행자보호의무 위반 부정
  ⑤ 무면허운전 부인
  ⑥ 음주운전 부인, 약물의 영향으로 정상적으로 운전하지 못할 우려가 있는 상태에서의 운전을 부인
  ⑦ 보도가 설치된 도로의 보도를 침범
  🆃🅸🅿 본 공소사실이 이 위 사유 등과 같은 이유로 교특법 제3조 제2항 단서 예외조항에 해당하지 않는다면, 교특법 제3조 제2항 본문이 적용되어 반의사불벌죄로서 합의서나 종합보험에 의하여 공소기각 판결 대상이 되는지를 검토해야 함

> 도로를 통행하는 보행자나 차마는 신호기 또는 안전표지가 표시하는 신호 또는 지시 등을 따라야 하는 것이고(도로교통법 제5조), '보행등의 녹색등화의 점멸신호'의 뜻은, 보행자는 횡단을 시작하여서는 아니되고 횡단하고 있는 보행자는 신속하게 횡단을 완료하거나 그 횡단을 중지하고 보도로 되돌아와야 한다는 것인바(도로교통법시행규칙 제5조 제2항 [별표 3]), **피해자가 보행신호등의 녹색등화가 점멸되고 있는 상태에서 횡단보도를 횡단하기 시작하여**

> 횡단을 완료하기 전에 보행신호등이 적색등화로 변경된 후 차량신호등의 녹색등화에 따라서 직진하던 피고인 운전차량에 충격된 경우에, 피해자는 신호기가 설치된 횡단보도에서 녹색등화의 점멸신호에 위반하여 횡단보도를 통행하고 있었던 것이어서 **횡단보도를 통행중인 보행자라고 보기는 어렵다고 할 것**이므로, 피고인에게 운전자로서 사고발생방지에 관한 업무상 주의의무위반의 과실이 있음은 별론으로 하고 도로교통법 제24조 제1항 소정의 보행자보호의무를 위반한 잘못이 있다고는 할 수 없다(대판 2001.10.9. 2001도2939).

> [비교] 횡단보도에 보행자를 위한 **보행등이 설치되어 있지 않다고 하더라도 횡단보도표시가 되어 있는 이상 그 횡단보도는 도로교통법에서 말하는 횡단보도에 해당**하므로, 이러한 횡단보도를 진행하는 차량의 운전자가 도로교통법 제24조 제1항의 규정에 의한 횡단보도에서의 보행자보호의무를 위반하여 교통사고를 낸 경우에는 교통사고처리특례법 제3조 제2항 단서 제6호 소정의 횡단보도에서의 보행자보호의무 위반의 책임을 지게 되는 것이며, 비록 그 횡단보도가 교차로에 인접하여 설치되어 있고 그 교차로의 차량신호등이 차량진행신호였다고 하더라도 이러한 경우 그 차량신호등은 교차로를 진행할 수 있다는 것에 불과하지, 보행등이 설치되어 있지 아니한 횡단보도를 통행하는 보행자에 대한 보행자보호의무를 다하지 아니하여도 된다는 것을 의미하는 것은 아니므로 달리 볼 것은 아니다(대판 2003.10.23. 2003도3529).

- 자백보강법칙과 관련하여 보강증거 없는 경우(ex. 공소사실에 '피해자불상' 등으로 기재되어 있고 피고인은 자백하는 사안)
  ① 자백 외 다른 증거물 있다면, 이는 위수증에 해당할 수 있다고 예단
  ② 자백 외 존재하는 다른 증거인 참고인 진술이 피고인의 진술을 담고 있다면, 이 또한 자백에 해당하여 자백과 독립된 증거가 아니므로 보강증거 없는 때에 해당(보강증거 자격 없음)

나. 검토순서

1) 후단 무죄(@변론요지서, 검토보고서, 보석허가청구서)

   ⅰ) 쟁점 정리 혹은 피고인의 주장
   ⅱ) 검사가 제출하는 증거 – 공소사실 부합 증거
   ⅲ) 증거능력 없는 증거   [목차 1. 증거능력 없는 증거
   ⅳ) 증거능력 있는 증거는 신빙성을 탄핵   2. 신빙성 없는 증거

ⅴ) 부족증거   3. 부족증거
                                                  4. 결론]

2) 유죄(@검토보고서)

                                [목차 1. 증거능력 없는 증거
                                      2. 신빙성 없는 증거
                                      3. 결론]

Tip 사실인정 쟁점이 2개 이상인 경우 - 그 중 1개는 무죄, 다른 1개는 유죄로 출제될 경향이 높음. 배점에 따라 탄력적으로 분량 조절할 것. 때로는 통목차로 간략히 쓰는 것도 필요. 형식에 절대적으로 구애받을 이유 없음

다. 증거능력 없는 증거

1) 위법수집증거

  - 위법한 체포 중 작성된 피신조서

> **위법한 강제연행 상태에서 호흡측정 방법에 의한 음주측정을 한 다음 강제연행 상태로부터 시간적·장소적으로 단절되었다고 볼 수도 없고 피의자의 심적 상태 또한 강제연행 상태로부터 완전히 벗어났다고 볼 수 없는 상황에서 피의자가 호흡측정 결과에 대한 탄핵을 하기 위하여 스스로 혈액채취 방법에 의한 측정을 할 것을 요구하여 혈액채취가 이루어졌다고 하더라도** 그 사이에 위법한 체포 상태에 의한 영향이 완전하게 배제되고 피의자의 의사결정의 자유가 확실하게 보장되었다고 볼 만한 다른 사정이 개입되지 않은 이상 **불법체포와 증거수집 사이의 인과관계가 단절된 것으로 볼 수는 없다. 따라서 그러한 혈액채취에 의한 측정 결과 역시 유죄 인정의 증거로 쓸 수 없다고 보아야 한다.** 그리고 이는 수사기관이 위법한 체포 상태를 이용하여 증거를 수집하는 등의 행위를 효과적으로 억지하기 위한 것이므로, 피고인이나 변호인이 이를 증거로 함에 동의하였다고 하여도 달리 볼 것은 아니다(대판 2013.3.14. 2010도2094)
>
> **비교** 호흡측정의 오류로 인한 불이익을 구제받을 수 있는 기회를 보장하는 데 취지가 있으므로, 이 규정들이 음주운전에 대한 수사방법으로서의 혈액 채취에 의한 측정의 방법을 운전자가 호흡측정 결과에 불복하는 경우에만 한정하여 허용하려는 취지의 규정이라고 해석할 수는 없다는 입장입니다. 이에 따라 운전자의 태도와 외관, 운전 행태 등에서 드러나는 주취 정도, 운전자가 마신

> 술의 종류와 양, 운전자가 사고를 야기하였다면 경위와 피해 정도, 목격자들의 진술 등 호흡측정 당시의 구체적 상황에 비추어 호흡측정기의 오작동 등으로 인하여 호흡측정 결과에 오류가 있다고 인정할 만한 객관적이고 합리적인 사정이 있는 경우라면 그러한 호흡측정 수치를 얻은 것만으로는 수사의 목적을 달성하였다고 할 수 없어 추가로 음주측정을 할 필요성이 있으므로, 경찰관이 음주운전 혐의를 제대로 밝히기 위하여 운전자의 자발적인 동의를 얻어 혈액 채취에 의한 측정의 방법으로 다시 음주측정을 하는 것을 위법하다고 볼 수는 없습니다. 이 경우 운전자가 일단 호흡측정에 응한 이상 재차 음주측정에 응할 의무까지 당연히 있다고 할 수는 없으므로, 운전자의 혈액 채취에 대한 동의의 임의성을 담보하기 위하여는 경찰관이 미리 운전자에게 혈액 채취를 거부할 수 있음을 알려주었거나 운전자가 언제든지 자유로이 혈액 채취에 응하지 아니할 수 있었음이 인정되는 등 운전자의 자발적인 의사에 의하여 혈액 채취가 이루어졌다는 것이 객관적인 사정에 의하여 명백한 경우에 한하여 혈액 채취에 의한 측정의 적법성이 인정됩니다(대판 2015.7.9. 2014도16051).

- 진술거부권미고지 상태에서 작성된 피신조서(특히 수사단계에서의 피의자 작성의 진술서는 실질상 피신조서)
  Tip 이후의 증거들은 독수독과로서 2차 증거 수집 사이에 인과관계의 단절 및 희석 없다면 여전히 증거능력 부정, 보통 피의자진술은 경찰·검찰 단계에서는 위법수집증거에 해당하나 법정에서 인과관계 단절 및 희석될 여지 존재(예외 인정의 근거로는 고지의 추완, 변호인 조력, 독립된 제3자의 행위 등)

- 별건 압수물

- 사후영장을 받지 않은 압수물, 압수조서, 검증조서와 2차증거(ex. 압수물 사진, 임의제출동의서, 감정결과보고서 등)

- 디지털정보저장매체와 관련한 위법한 압수(정보의 범위를 초과하여 출력·복제하거나, 범위를 정하여 출력·복제하는 방법이 불가능하거나 현저히 곤란한 사정이 없음에도 불구하고 저장매체 그 자체를 압수한 경우)

- 사인의 위법수집증거(판례는 기본권의 핵심영역 외의 영역에 있어서는 공사익을 비교형량하여 증거능력을 결정하지만 특정 개별법률이 사인의 행위에 대하여 직접적인 금지규정을 두고 있으면 해당규정 적용 ex. 몰래 녹취→통신비밀보호법위반)

- 위법수집증거는 증거의견"**O**"이 있더라도 증거동의 대상 아니므로 여전히 증거능력 없음

2) 전문법칙 및 공동피고인의 증거 관계(기재례 포함)
- 수사기관 작성 피의자신문조서 (312① 또는 ③)
당해 피고인이 **내용부인**하므로 **제312조 제1항 또는 제3항**에 따라 증거능력 없음

- 수사기관 작성 공범자에 대한 피의자신문조서 (312① 또는 ③)
이을남은 **공범인 공동피고인**으로서 **당해피고인 김갑동이 내용부인 취지로 증거부동의** 하고 있어서 **제312조 제1항 또는 제3항 적용**(판례)에 따라 증거능력 없음

- 수사기관 작성 공범 아닌 공동피고인에 대한 피의자신문조서(312④)
절도범인 김갑동과 장물취득범인 이을남은 서로 **공범 아닌 공동피고인의 관계**에 있으므로 상호간은 다른 공동피고인의 범죄사실에 대하여 **증인의 지위**에 있음. 따라서 피고인 이을남이 위 증거에 대하여 증거동의를 하지 않고 있는 이상 위 증거가 증거능력을 갖기 위해서는 **원술자인 공동피고인 김갑동**이 **증인의 지위**에서 그 성립의 진정을 인정해야 함. 그러나 사안에서 **공동피고인 김갑동이 증인의 지위에서 성립의 진정을 인정한 사실이 없으므로** 위 증거는 제312조 제4항에 따라 증거능력이 없음

🅣🅘🅟 공동피고인이 예를 들면 **모욕죄의 가해자-피해자 관계**이면서 동시에 **폭행죄의 피해자-가해자 관계**에 있다면 비록 각 진술이 '피의자신문조서'에 기재 되어 있더라도 이는 다른 상대방에 대하여 실질적으로 참고인진술조서에 해당

> **참고** 진정성립 인정되지 않는 경우
> ○ 위 증거에서 '김갑동과 함께 공모하여 위조한 것이다'는 진화란의 진술이 기재돼 있다. 그런데 위 기재 부분에 대해 진화란은 이 사건 법정에서 '당시 피고인이 위조한 부분과 제가 위조한 부분을 구분하여 진술하였다~함께 공모하여 위조하였다고 한 부분이 사실과 다르다'고 한 경우
> ○ 검사가 관련 조서를 제시, 열람케 한 다음 '수사기관에서 진술한 대로 기재되어 있음을 확인한 다음 서명, 날인하였지요'란 물음에 '제대로 읽어보지 않았습니다'라고 답한 경우

- 참고인진술조서 (312④ / 314)

  피고인이 증거부동의하고 있고, 원진술자인 박병서가 법정에 불출석하여 진정성립의 진술을 할 수 없는 이상 **제312조 제4항**의 요건을 갖출 수 없음 다만, **제314조의 외국거주**가 인정되기 위해서는 진술을 요하는 자가 외국에 있다는 것만으로는 부족하고, **법정 출석을 위한 가능하고도 충분한 노력을 다하였음에도 불구하고 증인이 부득이 불출석하는 사정**이 존재하여야 하나, 사안에서는 그러한 사정이 부존재하므로 증거능력 없음

  Tip 진정성립진술은 증인신문조서에서 확인. 그러나 증인신문이 원진술자가 외국거주, 소재불명 등의 사유로 실시되지 못했다면(증인신문 미실시!), 제314조 적용여부가 쟁점

- 진술서 (313)

  증명서는 제313조 제1항의 서면, 특히 **피고인 아닌 자의 진술이 기재된 서류** (참고인진술기재서류)로서 **원진술자의 서명 또는 날인** 그리고 **진정성립진술**이 요구되나 사안에서 원술자의 서명 또는 날인이 부존재하므로 제314조의 요건을 해당하는지의 여부를 따질 필요 없이 증거능력이 없음

  Tip 진술서 중 참고인진술서는 **작성자의 자필과 진정성립진술**이 필요. 다만 피고인진술서 및 피고인진술기재서류에 대해서는 피고인이 내용부인 하더라도 작성자의 진정성립과 특신상태의 인정만으로도 증거능력 가짐

- 전문진술 및 전문진술을 기재한 서류

  '**김갑동이 이을남과 함께 위조하였다고 말하였다**'는 증인 박보호의 **법정진술** 및 박보호에 대한 **진술조서의 진술기재**는 각각 **전문진술과 재전문서류**로서 **제316조 제2항, 제316조 제2항·제312조 제4항**의 각 요건을 갖추어야 증거능력이 인정됨. 그러나 원진술자인 김갑동이 법정에 출석하여 재판을 받고 있으므로 **제316조 제2항**의 요건을 갖추지 못해 모두 증거능력이 없음

  Tip 특정인에 대한 증인신문조서에서 전문진술을 먼저 찾아낸 후, 특정인에 대한 진술조서·진술서·피의자신문조서 등에서 해당 전문진술을 추출한다.

set	전문진술 (증인신문조서)	316②
	전문진술을 기재한 서류 (진술서, 진술조서)	316② (진술불능요건 충족 X)

피고인 김갑동 (경험자)	→	박보호	→	법정	전문진술	* 피고인의 진술 316① * 피고인 아닌 자의 진술 316②
			→	수사기관	전문진술 기재서류 (참고인 진술조서)	
			→ 제3자	→ 법정	재전문진술	증거능력 X
				→ 수사기관	재전문진술을 기재한 서류	

- 재전문진술 및 재전문진술을 기재한 서류 (증거능력 X)

"나공범으로부터 '피고인이 나공범에게 토지를 팔아 받은 돈으로 뇌물을 교부하였다는 이야기를 하였다'는 내용의 진술을 들었다"는 내용의 진술은 **재전문진술 또는 재전문진술이 기재된 조서**에 해당하고, **판례가 전문진술을 기재한 전문서류에 대해서만 예외적으로 증거능력을 인정**하고 있는 이상, 위 증거들은 증거능력이 없음

피고인 (경험자)	→	나공범	→	제3자	→ 법정	재전문진술	증거능력 X
					→ 수사기관	재전문진술을 기재한 서류	

- 공동피고인의 법정진술

김갑동과 이을남은 상호 싸움을 한 자들로서 서로 **공범 아닌 공동피고인의 관계**에 있으므로 상호간은 다른 공동피고인의 범죄사실에 대하여 **증인의 지위**에 있음. 따라서 피고인 김갑동에 대한 증거로서의 공동피고인 이을남의 법정진술은 **변론을 분리한 다음 선서한 뒤 증인의 지위에서 진술해야** 증거능력이 있는바, 이 사안에서처럼 이을남의 법정진술이 **피고인신문으로 이뤄진 이상** 증거능력은 없음

🅣🅘🅟 절도범과 장물범의 경우가 대표적인 공범 아닌 공동피고인의 관계에 있는 자들

	수사단계		공판
	경찰	검찰	
공범인 공동피고인	312③ '당해 피고인'이 내용인정	312① 좌동	신분 : 피고인 (공판변론조서)
공범 아닌 공동피고인	312④ 원진술자가 '증인의 지위'에서 성립의 진정 인정		신분 : 제3자 증인적격 (증인신문조서) 변론분리 후, 증인석에서 선서

라. 신빙성 탄핵

- 공소사실에 부합하는 증거 중 위에서 증거능력 인정되는 증거

1) 일반적인 근거

① 다른 증거에 의해 확인된 **객관적** 사실과 모순됨
② 진술의 **일관성**이 없음(경찰, 검찰, 법정에서의 각 진술을 대비)
　진술을 **번복**하게 된 경위 ex.경찰이 제시한 객관적 증거를 보고 말을 바꿈
③ 피고인에게 범행의 **동기**가 마땅히 없음
④ 진술의 내용이 **경험**칙·상식에 반함
⑤ 진술자의 **추측**에 기한 진술일 뿐
⑥ 진술의 **구체성**이 떨어짐
⑦ 진술자가 **믿기** 어려운 사람(전과·성행)

2) 공범자 자백에 있어서 탄핵의 근거

① 책임 전가
② 허위자백의 동기가 있음
③ 범행수익의 분배비율, 분배과정
④ '공범의 법정진술'은 당해 피고인의 반대신문권을 보장하는 것을 조건으로 하여 증거능력 인정하고 있으나 증언보다는 진술의 신빙성이 낮을 수밖에 없음

3) 증인진술에 대한 탄핵의 근거

① 증인과 피고인과의 적대관계, 증인과 피해자간의 우호 관계 … 중립적 인물인지 여부
② 목격진술의 한계
　지각의 정확성 문제 ex. 심야 가로등 X - 시력 안 좋거나, 너무 어두움
　기억의 정확성 문제 ex. 범행시점과의 시간적 간격이 있어 기억의 왜곡 가능성
　표현의 정확성 문제
③ 범인식별절차 위반

5. 제325조 전단 무죄

- 공소사실 자체로 범죄 불성립

1) 사기죄와 공갈죄에서 처분행위 부존재

- 기망에 의하여 물품을 공급받은 경우 **물품대금에 대한 별도의 사기죄가 성립하기 위해서는 또 다른 기망 행위에 의하여 그 채무변제의 유예를 받거나 그 채무를 면제받은 경우 등 피해자의 별개의 처분행위가 있는 경우에 한하여** 재산상 이익 편취에 의한 사기죄 성립
- 재물에 대한 사기죄에 있어서 처분행위란, 범인의 기망에 따라 피해자가 착오로 재물에 대한 사실상의 지배를 범인에게 이전하는 것을 의미하므로, 외관상 재물의 교부에 해당하는 행위가 있었다고 하더라도, 재물이 범인의 사실상의 지배 아래에 들어가 그의 자유로운 처분이 가능한 상태에 놓이지 않고 여전히 피해자의 지배 아래에 있는 것으로 평가된다면, 그 재물에 대한 처분행위가 있었다고 볼 수 없음(2018도7030)
- **본인이 보관**하는 타인소유의 물건에 관하여 상대방을 기망하여 횡령한 경우, 횡령죄만 성립, 사기죄 불성립
- 재산상 이익의 취득으로 인한 공갈죄가 성립하려면 폭행 또는 협박과 같은 공갈행위로 인하여 피공갈자가 재산상 이익을 공여하는 처분행위가 있어야 한다. 물론 그러한 처분행위는 반드시 작위에 한하지 아니하고 부작위로도 족하여서, 피공갈자가 외포심을 일으켜 묵인하고 있는 동안에 공갈자가 직접 재산상의 이익을 탈취한 경우에도 공갈죄가 성립할 수 있다. **그러나 폭행의 상대방이 위와 같은 의미에서의 처분행위를 한 바 없고**, 단지 행위자가 법적으로 의무 있는 재산상 이익의 공여를 면하기 위하여 **상대방을 폭행하고 현장에서 도주**함으로써 상대방이 행위자로부터 원래라면 얻을 수 있었던 재산상 이익의 실현에 장애가 발생한 것에 불과하다면, 그 행위에게 공갈죄의 죄책을 물을 수 없음

> [비교] 피기망자가 기망당한 결과 자신의 작위 또는 부작위가 갖는 의미를 제대로 인식하지 못하여 그러한 행위가 초래하는 결과를 인식하지 못하였더라도 그와 같은 착오 상태에서 재산상 손해를 초래하는 행위를 하기에 이르렀다면 피기망자의 처분행위와 그에 상응하는 처분의사가 있다고 보아야 한다. 결국 **피해자가 처분행위로 인한 결과까지 인식할 필요가 있는 것은 아니다**(대판 2017.2.16. 2016도13362전합).

2) 불가벌적 사후행위

- **절취**한 자기앞수표의 **환금행위**
- 금융기관 발행의 자기앞수표는 그 액면금을 즉시 지급받을 수 있는 점에서 현금에 대신하는 기능을 가지고 있어서 장물인 자기앞수표를 취득한 후 이를 현금 대신 교부한 행위는 장물취득에 대한 가벌적 평가에 당연히 포함되는 불가벌적 사후행위로서 별도의 범죄를 구성하지 아니함(93도213)
- 절도범인으로부터 장물보관의뢰를 받은 자가 그 정을 알면서 이를 인도 받아 보관하고 있다가 임의처분하였다 하여 **장물보관죄**가 성립되는 때에는 이미 그 소유자의 소유물추구권을 침해하였으므로 **그 후의 횡령행위**는 불가벌적 사후행위에 불과
- A에게서 돈을 빌리면서 담보 명목으로 B에 대한 채권을 양도하였는데도 B에게 채권양도 통지를 하기 전에 이를 추심하여 임의로 소비한 경우, **위 공사대금채권의 양도에 관한 피고인의 진정성이 인정되는 경우**라면 **횡령죄**의 책임만 지게 되나 **당초부터 위 공사대금 채권을 추심하여 빼돌릴 생각을 가지고 있었던 경우**라면, 차용금 편취에 관한 사기죄는 성립하지만, 위 공사대금 채권을 양도한 후 공사대금을 수령하여 임의 소비한 행위는 금전 차용 후 담보로 제공한 양도채권을 추심 받아 이를 빼돌리려는 **사기범행의 실행행위에 포함된 것**으로 봄이 상당하므로 사기죄와 별도로 횡령죄는 불성립
- 갑 종친회 회장인 피고인이 위조한 종친회 규약 등을 공탁관에게 제출하는 방법으로 갑 종친회를 피공탁자로 하여 공탁**된 수용보상금을 출급 받아 편취**하고 이를 종친회를 위하여 업무상 보관하던 중 **반환을 거부**하여 횡령하였다는 내용으로 기소된 사건에서, 피고인이 공탁관을 기망하여 공탁금을 출급 받음으로써 갑 종친회를 피해자로 한 사기죄가 성립하고, 그 후 갑 종친회에 대하여 공탁금 반환을 거부한 행위는 새로운 법익의 침해를 수반하지 않는 불가벌적 사후행위에 해당할 뿐 별도의 횡령죄는 불성립

> **비교** 타인의 부동산을 보관 중인 자가 불법영득의사를 가지고 그 부동산에 근저당권설정등기를 경료함으로써 일단 횡령행위가 기수에 이르렀다 하더라도 그 후 같은 부동산에 별개의 근저당권을 설정하여 새로운 법익침해의 위험을 추가함으로써 법익침해의 위험을 증가시키거나 해당 부동산을 매각함으로써 기존의 근저당권과 관계없이 법익침해의 결과를 발생시켰다면, 이는 당초의

> 근저당권 실행을 위한 임의경매에 의한 매각 등 그 근저당권으로 인해 당연히 예상될 수 있는 범위를 넘어 새로운 법익침해의 위험을 추가시키거나 법익침해의 결과를 발생시킨 것이므로 특별한 사정이 없는 한 불가벌적 사후행위로 볼 수 없고, 별도로 횡령죄를 구성함(2010도10500)

3) 불법영득의사

- 보관자가 자기 또는 제3자의 이익을 위하여 소유자의 이익에 반하여 재물을 처분한 경우에는 재물에 대한 불법영득의사를 인정할 수 있으나, 그와 달리 **소유자의 이익을 위하여** 재물을 처분한 경우에는 특별한 사정이 없는 한 그 재물에 대하여 불법영득의사를 인정할 수 없음
- 피고인이 살해된 피해자의 주머니에서 꺼낸 지갑을 살해도구로 이용한 골프채와 옷 등 다른 증거품들과 함께 자신의 차량에 싣고 가다가 쓰레기 소각장에서 태워버린 경우, 살인 범행의 증거를 인멸하기 위한 행위로서 불법영득의 의사가 있었다고 보기 어려움(2000도3655)
- **절취한 신용카드를 사용한 후 카드를 반환**한 경우 이로써 신용카드 자체가 가지는 **경제적 가치가 인출된 예금액만큼 소모되었다고 할 수 없으므로** 이를 일시사용하고 곧 반환한 경우에는 신용카드 자체에 대한 불법영득의사가 없음

> [비교] 절취한 예금통장으로 예금을 인출한 후 통장을 반환한 경우에는 그 인출된 예금액에 대하여는 예금통장 자체의 예금액 증명기능이 상실되고 이에 따라 그 상실된 기능에 상응한 경제적 가치도 소모되므로, 예금통장 자체가 가지는 예금액 증명기능의 경제적 가치에 대한 불법영득의 의사가 인정됨

4) 불법원인급여와 횡령죄

- 갑이 을로부터 제3자에 대한 뇌물공여 또는 배임증재의 목적으로 전달하여 달라고 **교부받은 금전**은 불법원인급여물에 해당하여 그 소유권은 갑에게 귀속되는 것으로서 갑이 위 금전을 제3자에게 전달하지 않고 **임의로 소비**하였다고 하더라도 횡령죄가 성립하지 않음
- 피고인이 갑으로부터 수표를 현금으로 교환해 주면 대가를 주겠다는 제안을 받고 위 수표 등이 사기범행을 통해 취득한 범죄수익 등이라는 사실을 잘 알면서도 **교부받아** 그 일부를 현금으로 교환한 후 병, 정과 공모하여 아직 교환되지 못한

수표 및 교환된 현금을 임의로 사용하여 횡령하였다고 하여 특정경제범죄 가중처벌 등에 관한 법률 위반으로 기소된 사안에서, 피고인이 갑으로부터 범죄수익 등의 은닉범행 등을 위해 교부받은 수표는 불법의 원인으로 급여한 물건에 해당하여 소유권이 피고인에게 귀속되므로 횡령죄 불성립

5) 필요적 공범과 공범규정

- 공무원 또는 공무원이었던 자가 법령에 의한 직무상 비밀을 누설하는 행위만을 처벌하고 있을 뿐 직무상 비밀을 누설받은 상대방을 처벌하는 규정이 없는 점에 비추어, **직무상 비밀을 누설받은 자**에 대하여는 공범에 관한 형법총칙규정이 적용될 수 없음(즉 공무상비밀누설교사죄 불성립)

- 변호사가 변호사 아닌 자에게 고용되어 법률사무소의 개설·운영에 관여하는 행위는 위 범죄가 성립하는 데 당연히 예상될 뿐만 아니라 범죄의 성립에 없어서는 아니 되는 것인데도 이를 처벌하는 규정이 없는 이상, 변호사 아닌 자에게 고용되어 **법률사무소의 개설·운영에 관여한 변호사의 행위**가 일반적인 형법총칙상의 공모, 교사 또는 방조에 해당된다고 하더라도 변호사를 변호사 아닌 자의 공범으로서 처벌할 수 없음

6) 특경법위반과 이득액

- **단순일죄의 이득액이나 포괄일죄**가 성립하는 경우의 **이득액의 합산액**을 의미하는 것이고 경합범으로 처벌될 수죄의 각 이득액을 합한 금액을 의미하는 것은 아님. **사기·공갈·(업무상)횡령·(업무상)배임** 범죄에 대한 가중처벌. 최소 이득액 **5억 원 이상**

① **상당한 대가가 지급**되었다거나 피해자의 전체 재산상에 **손해가 없다** 하여도 이를 이득액에서 공제하지 않음

② 편취범행으로 교부받은 투자금을 피해자들에게 **반환하였다가 그 돈을 재투자** 받았다면 각 편취범행으로 교부받은 투자금의 합계액, 반환한 원금 및 수익금을 공제하지 않음

③ **부동산의 시가** 상당액에서 근저당권의 채권최고액 범위 내에서의 **피담보채권액**, 압류에 걸린 **집행채권액**, 가압류에 걸린 청구금액 범위 내에서의 **피보전채권액 등을 뺀** 실제의 교환가치를 그 부동산의 가액으로 보아야 함

④ 다만 피고인이 명의신탁을 받아 보관 중인 부동산에 대하여 **임의로 근저당권을 설정**할 당시 위 부동산에 이미 다른 근저당권설정등기가 마쳐져 있는 경우

에, 구체적인 이득액은 위 각 부동산의 시가 상당액에서 위 범행 전에 설정된 피담보채무액을 공제한 잔액이 아니라 이후에 위 **부동산을 담보로 제공한 피담보채무액 내지 그 채권최고액**

⑤ 선이자 문제, 예를 들면 대출 위임범위 5억 원을 초과하여 본인으로부터 마치 10억 원의 대출 의뢰를 받은 것처럼 거짓말하여 **선이자를 공제한 8억 8천만 원을 교부**받았다면, 교부받은 8억 8천만 원이 사기죄의 편취액

> **비교** 배임죄에서의 본인의 '손해'란 장차 취득할 것이 기대되는 이익을 얻지 못하는 경우도 포함하므로 배임행위로 인하여 금융기관이 입는 손해는 선이자를 공제한 금액이 아니라 **선이자를 공제한 금원을 포함한 대출금 전액이나 약속어음 액면금 상당액임**

7) 사기죄의 불능범

- 소송비용을 편취할 의사로 **소송비용의 지급을 구하는 손해배상청구의 소를 제기한 경우**

- **사자 및 허무인 상대의 소송사기**

- **공모에 의한 의제자백** 소송

- 임대인과 임대차계약을 체결한 임차인이 임차건물에 거주하기는 하였으나 **그의 처만이 전입신고**를 마친 후에 경매절차에서 배당을 받기 위하여 임대차계약서상의 임차인 명의를 처로 변경하여 경매법원에 **배당요구**를 한 경우

8) 준강도죄

- 절도의 기회

  준강도는 절도범인이 절도의 기회에 재물탈환·항거등의 목적으로 폭행 또는 협박을 가함으로써 성립되는 것이므로 그 폭행 또는 협박은 절도의 실행에 착수하여 그 실행중이거나 그 실행 직후 또는 실행의 범의를 포기한 직후로서 사회통념상 범죄행위가 완료되지 아니하였다고 인정될 만한 단계에서 행하여짐을 요함(84도1398, 84감도214)

- 절도행위와 폭행·협박행위 사이에 시간적·장소적 근접성이 없는 경우 예를 들면 절도범이 재물을 절취하고 피해자의 집을 나온 후 뒤늦게 피해사실을 확인하고 뒤쫓아온 피해자에게 절도범행을 마친 지 10여분이 지난 뒤 집으로부터 200m

가량 떨어진 버스정류장에서 체포되어 피해자의 집으로 끌려온 후 피해자를 폭행한 경우에는 준강도죄 불성립

> **비교** 판례는 절도 범행의 종료 후 얼마 되지 아니한 단계에서 안전지대로 이탈하지 못하고 피해자측에 의해 체포될 가능성이 남아 있는 단계(또는 범인이 일단 체포되어 아직 신병확보가 확실하다고 할 수 없는 경우, 2001도4142)에서 추적당하여 체포되려 하자 구타한 경우는 절도의 기회에 해당
>
> **비교** 공범과 예기가능성
> 준강도가 성립하려면 절도가 절도행위의 실행중 또는 실행직후에 체포를 면탈할 목적으로 폭행, 협박을 한 때에 성립하고 이로써 상해를 가하였을 때에는 강도상해죄가 성립되는 것이고, 공모합동하여 절도를 한 경우 범인중의 하나가 체포를 면탈할 목적으로 폭행을 하여 상해를 가한 때에는 나머지 범인도 이를 예기하지 못한 것으로 볼 수 없다면 강도상해죄의 죄책을 면할 수 없음 (83도3321)
>
> **비교** 준강도의 미수
> 형법 제355조에서 절도가 재물의 탈환을 항거하거나 체포를 면탈하거나 죄적을 인멸할 목적으로 폭행 또는 협박을 가한 때에 준강도로서 강도죄의 예에 따라 처벌하는 취지는, 강도죄와 준강도죄의 구성요건인 재물탈취와 폭행·협박 사이에 시간적 순서상 전후의 차이가 있을 뿐 실질적으로 위법성이 같다고 보기 때문인바, 이와 같은 준강도죄의 입법 취지, 강도죄와의 균형 등을 종합적으로 고려해 보면, 준강도죄의 기수 여부는 절도행위의 기수 여부를 기준으로 하여 판단하여야 한다. (2019. 8모. 2004도5074)

9) 위험한 물건 vs. 흉기

- **특수절도**, **특수강도**는 사람 살상용으로 제작된 '**흉기**'만을 구성요건으로 하고 있으므로 벤찌 드라이브, CS최루분말과 같이 **객관적 성질과 사용방법에 따라 위험성이 발현**되는 '**위험한 물건**'을 휴대한다고 하더라도 동죄 불성립

- 흉기를 휴대하더라도 범행에 이용할 의도가 아닌 **우연히 소지**한 경우에 해당한다면 역시 동죄 불성립

    > **비교** 휴대는 소지뿐만 아니라 널리 이용까지를 의미하고, 휴대에 대한 상대방의 인식은 불요

10) 절도죄
- (야간주거침입절도죄) 형법은 제329조에서 절도죄를 규정하고 곧바로 제330조에서 야간주거침입절도죄를 규정하고 있을 뿐, 야간절도죄에 관하여는 처벌규정을 별도로 두고 있지 아니하다. 이러한 형법 제330조의 규정형식과 그 구성요건의 문언에 비추어 보면, 형법은 야간에 이루어지는 주거침입행위의 위험성에 주목하여 그러한 행위를 수반한 절도를 야간주거침입절도죄로 중하게 처벌하고 있는 것으로 보아야 하고, 따라서 주거침입이 주간에 이루어진 경우에는 야간주거침입절도죄가 성립하지 않는다고 해석함이 타당(2011도300, 2011감도5)

> 비교 형법 제332조에 규정된 상습절도죄를 범한 범인이 범행의 수단으로 주간에 주거침입을 한 경우 주간 주거침입행위는 상습절도죄와 별개로 주거침입죄를 구성(2015도8169)

- 종전 점유자의 점유가 그의 사망으로 인한 상속에 의하여 당연히 그 상속인에게 이전된다는 민법 제193조는 절도죄의 요건으로서의 '타인의 점유'와 관련하여서는 적용의 여지가 없고, 재물을 점유하는 소유자로부터 이를 상속받아 그 소유권을 취득하였다고 하더라도 상속인이 그 재물에 관하여 사실상의 지배를 가지기 전까지는 절도죄는 불성립

11) 권리행사방해죄
- 타인의 점유 또는 권리의 목적이 된 **자기의 물건 또는 전자기록 등 특수매체기록**을 행위객체로 하므로 **타인 소유의 물건 등은 본죄의 객체가 될 수 없음.** 따라서 **회사에 지입한 자동차는 지입차주의 입장**에서 타인의 소유에 속하고 마찬가지로 **중간생략등기형 명의신탁이나 계약명의신탁의 대상이 된 부동산도 신탁자의 입장**에서는 타인의 소유에 속하므로 본죄의 객체가 될 수 없음. 소유권 귀속은 등기·등록부를 기준으로 판단하지만 내부적으로 소유권 이전의 약정이 있는 경우라면 신탁자의 소유로 볼 수 있음

> 비교 피고인들이 공모하여 렌트카 회사인 갑 주식회사를 설립한 다음 을 주식회사 등의 명의로 저당권등록이 되어 있는 다수의 차량들을 사들여 갑 회사 소유의 영업용 차량으로 등록한 후 **자동차대여사업자등록 취소처분을 받아 차량등록을 직권말소시켜 저당권 등이 소멸되게 한 행위는** 저당권자인 을 회사 등으로 하여금 자동차등록원부에 기초하여 저당권의 목적이 된 자동차의 소재를 파악하는 것을 현저하게 곤란하게 하거나 불가능하게 하는 행위는 **은닉행위에 해당한다**(대판 2017.5.17. 2017도2230).

> **비교** 피고인이 차량을 구입하면서 피해자로부터 차량 매수대금을 차용하고 담보로 차량에 피해자 명의의 저당권을 설정해 주었는데, 그 후 대부업자로부터 돈을 차용하면서 **차량을 대부업자에게 담보로 제공하여 이른바 '대포차'로 유통되게 한** 행위는 권리행사방해죄의 은닉행위에 해당한다(대판 2016.11.10. 2016도13734).

12) 명예훼손죄 및 모욕죄

- 명예훼손죄에 있어서의 **공연성**은 불특정 또는 다수인이 인식할 수 있는 상태를 의미하므로 비록 **개별적으로 한 사람에 대하여 사실을 유포**하였더라도 이로부터 불특정 또는 다수인에게 전파될 가능성이 있다면 공연성의 요건을 충족하지만 이와 달리 **전파될 가능성이 없다면** 특정한 한 사람에 대한 사실의 유포는 공연성이 없음. 다만 **기자 1인에게** 사실을 적시한 경우에는 기사화되어 보도되어야만 적시된 사실이 외부에 공표된다고 보아야할 것이므로 기자가 취재를 한 상태에서 **아직 기사화하여 보도하지 아니한 경우**에는 전파가능성이 인정되지 않아서 공연성이 없음

- 출판물에 의한 명예훼손죄에서 '기타 출판물'에 해당하기 위해서는 그것이 등록·출판된 제본인쇄물이나 제작물은 아닐지라도 적어도 그와 같은 정도의 효용과 기능을 가지고 사실상 출판물로 유통·통용될 수 있는 외관을 가진 인쇄물로 볼 수 있어야 하는데, 워드프로세스로 A4용지 7쪽 분량으로 작성한 인쇄물은 '기타 출판물'에 해당하지 않음

- 불미스러운 소문의 진위를 확인하고자 질문을 하는 과정에서 타인의 명예를 훼손하는 발언을 하였다면 이러한 경우에는 그 동기에 비추어 **명예훼손의 고의를** 인정하기 어려움

- **국가나 지방자치단체**는 국민에 대한 관계에서 형벌의 수단을 통해 보호되는 외부적 명예의 주체가 될 수는 없으므로 명예훼손죄나 모욕죄의 피해자가 될 수 없음

- 명예훼손죄에 있어서의 '사실의 적시'란 가치판단이나 평가를 내용으로 하는 의견표현에 대치되는 개념으로서 시간과 공간적으로 구체적인 과거 또는 현재의 사실관계에 관한 보고 내지 진술을 의미하는 것이며, 그 표현내용이 증거에 의한 입증이 가능한 것을 말한다. 또한, 판단할 진술이 사실인가 또는 의견인가를 구

별할 때는 언어의 통상적 의미와 용법, 입증가능성, 문제된 말이 사용된 문맥, 그 표현이 행하여진 사회적 상황 등 전체적 정황을 고려하여 판단하여야 함 (목사가 예배중 특정인을 가리켜 "이단 중에 이단이다"라고 설교한 부분이 명예훼손죄에서 말하는 '사실의 적시'에 해당하지 않는다고 한 사례) (2007도1220)

  🅣🅘🅟 명예훼손과 모욕의 구분(명예훼손이 구체적 사실의 적시를 통하여 사람의 사회적 평가를 저하시키는 것인 반면 모욕은 구체적 사실이 아닌 단순한 추상적 판단이나 경멸적 감정의 표현으로서 사회적 평가를 저하시키는 것)

13) 장물취득죄

- 장물이란 **타인의 재산범죄**에 의하여 **취득한 재물 그 자체를 말하고**, **취득**이란 장물인 점을 인식하면서 **점유를 이전**받음으로써 재물에 대한 **사실상의 처분권을 획득**하는 것을 의미. 따라서 본범의 정범(합동범, 공동정범, 간접정범 포함)은 장물죄의 주체가 될 수 없고, 장물매각 대금, 장물인 현금으로 매입한 재물 등 대체장물은 장물성이 상실됨(cf. 환전통화는 장물성 인정).

- 장물취득죄에서 '취득'이라고 함은 점유를 이전받음으로써 그 장물에 대하여 사실상의 처분권을 획득하는 것을 의미하는 것이므로, 단순히 보수를 받고 본범을 위하여 장물을 일시 사용하거나 그와 같이 사용할 목적으로 장물을 건네받은 것만으로는 장물을 취득한 것으로 볼 수 없음(2003도1366)

- **갑이 권한 없이 인터넷뱅킹**으로 타인의 예금계좌에서 **자신의 예금계좌로 돈을 이체**한 후 그 중 일부를 **인출**하여 그 정을 아는 피고인에게 **교부한 경우**, 갑이 컴퓨터등사용사기죄에 의하여 취득한 예금채권은 재물이 아니라 **재산상 이익**이므로, 그가 자신의 예금계좌에서 돈을 인출하였더라도 장물을 금융기관에 예치하였다가 인출한 것으로 볼 수 없다는 이유로 피고인의 장물취득죄 불성립(장물이 아니기 때문)

- **피해자가 본범의 기망행위에 속아 현금을 피고인 명의의 은행 예금계좌로 송금**하였다면, 이는 재물에 해당하는 **현금을 교부**하는 방법이 예금계좌로 송금하는 형식으로 이루어진 것에 불과하여, 피해자의 은행에 대한 예금채권은 당초발생하지 않는다. 그 후 **피고인이 자신의 예금계좌에서 위 돈을 인출**하였다 하더라도 이는 예금명의자로서 은행에 예금반환을 청구한 결과일 뿐 **본범으로부터 위 돈에 대한 점유를 이전받아 사실상 처분권을 획득한 것은 아니므로** 피고인의 위와 같은 인출행위를 장물취득죄로 벌할 수 없음(취득이 아니기 때문)

14) 강제집행면탈죄

- **가압류 후에 목적물의 소유권을 취득한 제3취득자가 다른 사람에 대한 허위의 채무에 기하여 근저당권설정등기 등을 경료**하더라도 이로써 가압류채권자의 법률상 지위에 어떤 영향을 미치지 않으므로 불성립
- 회사 대표가 계열회사들 소유 자금 중 일부를 임의로 빼돌려 **자기 소유 자금과 구분 없이 거주지 안방에 보관한 행위**는 계열 회사들에 대한 횡령행위의 일부를 구성하는 것일 뿐이고 이를 강제집행면탈죄의 은닉행위로 볼 수 없음
- 채권자의 권리 즉 **채권의 존재가 인정되지 않을 때**에는 강제집행면탈죄는 불성립
- 상계의 의사표시가 있는 경우에는 각 채무는 상계할 수 있는 때에 소급하여 대등액에 관하여 소멸한 것으로 보게 됨. 따라서 **상계의 효력이 발생하는 시점 이후에는 채권의 존재가 인정되지 않으므로** 동죄 불성립
- 강제집행면탈죄의 객체는 채무자의 재산 중에서 채권자가 민집법상 강제집행 또는 보전처분의 대상으로 삼을 수 있는 것이어야. 그러나 **의료법에 의하여 적법하게 개설되지 아니한 의료기관**에서 요양급여가 행하여졌다면 **해당 의료기관은 요양급여비용 전부를 청구할 수 없으므로** 위와 같은 채권은 강제집행면탈죄의 객체가 되지 아니함
- 압류금지채권의 목적물이 채무자의 예금계좌에 입금된 경우에는 그 예금채권에 대하여 더 이상 압류금지의 효력이 미치지 아니하므로 그 예금은 압류금지채권에 해당하지 않지만, **압류금지채권의 목적물이 채무자의 예금계좌에 입금되기 전까지는 여전히 강제집행 또는 보전처분의 대상이 될 수 없으므로**, 압류금지채권의 목적물을 수령하는 데 사용하던 기존 예금계좌가 채권자에 의해 압류된 채무자가 **압류되지 않은 다른 예금계좌를 통하여 그 목적물을 수령**하더라도 강제집행이 임박한 채권자의 권리를 침해할 위험이 있는 행위라고 볼 수 없어 동죄 불성립
- 명의신탁 부동산의 실질적 소유자인 피고인이 강제집행을 면탈할 목적으로 **부동산을 허위양도**하여 채권자들을 해하였다고 하며 강제집행면탈죄로 기소된 사안에서, 위 부동산 중 대지는 **계약명의신탁 약정에 의한 것**으로 피고인에 대한 강제집행이나 보전처분의 대상이 될 수 없어 피고인에 대한 강제집행면탈죄의 객체가 될 수 없음

15) 횡령죄

- 명의신탁과 횡령죄
2자간 명의신탁 외에 중간생략형·계약명의신탁 유형이 있으나, **2자간 명의신탁 관계**에서만 수탁자의 횡령행위가 있을 때 **신탁자를 피해자로 하는 횡령죄**가 성립할 뿐, **중간생략형·계약명의신탁관계**에서는 횡령죄 불성립
- 이때 계좌명의인이 사기의 공범이라면 자신이 가담한 범행의 결과 피해금을 보관하게 된 것일 뿐이어서 피해자와 사이에 위탁관계가 없고, 그가 송금·이체된 돈을 인출하더라도 이는 자신이 저지른 사기범행의 실행행위에 지나지 아니하여 새로운 법익을 침해한다고 볼 수 없으므로 사기죄 외에 별도로 횡령죄를 구성하지 않는다. 한편 계좌명의인의 인출행위는 전기통신금융사기의 범인에 대한 관계에서는 횡령죄가 되지 않음(2017도17494)

> 비교 2자간 명의신탁에서 수탁자가 신탁 받은 부동산에 근저당권 설정 후 제3자에게 재차 근저당권을 설정하는 경우에 이는 불가벌적 사후행위가 아니라 별도의 횡령죄 성립
>
> 비교 횡령죄에서 재물의 보관은 재물에 대한 **사실상 또는 법률상 지배력이 있는 상태**를 의미하며, 횡령행위는 불법영득의사를 실현하는 일체의 행위를 말한다. 따라서 소유권의 취득에 등록이 필요한 타인 소유의 차량을 인도받아 보관하고 있는 사람이 이를 **사실상 처분하면 횡령죄가 성립**하며, 보관 위임자나 보관자가 차량의 등록명의자일 필요는 없음(2015도1944)
>
> 비교 (명의신탁과 절도죄, 타인소유) 자동차에 대한 소유권의 득실변경은 등록을 함으로써 그 효력이 생기고 등록이 없는 한 대외적 관계에서는 물론 당사자의 대내적 관계에서도 소유권을 취득할 수 없는 것이 원칙이지만, **당사자 사이에 소유권을 등록명의자 아닌 자가 보유하기로 약정하였다는 등의 특별한 사정이 있는 경우에는 그 내부관계에 있어서는 등록명의자 아닌 자가 소유권을 보유**(2012도15303)
>
> 비교 계좌명의인은 피해자와 사이에 아무런 법률관계 없이 송금·이체된 사기피해금 상당의 돈을 피해자에게 반환하여야 하므로, 피해자를 위하여 사기피해금을 보관하는 지위에 있다고 보아야 하고, 만약 계좌명의인이 그 돈을 영득할 의사로 인출하면 피해자에 대한 **횡령죄가 성립**(2017도17494)

16) 배임죄

- **부동산을 이중으로 매도**한 경우에 **매도인이 선매수인에게 소유권이전의무를 이행**하였다고 하여 후매수인에 대한 관계에서 그가 임무를 위법하게 위배한 것이라고 할 수 없음. 이러한 법리는 매매계약보다 앞선 담보제공약정에 기하여 근저당권을 마친 경우도 마찬가지
- 부동산의 등기명의 수탁자가 명의신탁자의 승낙없이 이를 제3자에게 양도함으로써 횡령죄가 성립하는 경우에 그것을 양수한 사람이나 이를 중간에서 소개한 사람은 비록 그 점을 알고 있었다 하더라도 처음부터 수탁자와 짜고 불법영득할 것을 공모한 것이 아닌 한 그 횡령죄의 공동정범이 될 수 없음(83도2027)
- 저당권 설정된 자동차를 **저당권설정자가 제3자에게 양도**하여 그 소유자가 달라지더라도 **저당권에는 영향이 없으므로** 특별한 사정이 없는 한 배임죄 불성립. 다만 성명불상(소재불명)의 제3자에게 양도하여 집행을 불능케 한 사정이 있다면 부당히 담보가치를 감소시키는 것으로 볼 수 있어 배임죄 성립
- **동산이중양도** 및 **동산의 대물변제예약과 처분행위**에서 매도인이 양도 및 대물변제예약에서 약정의 내용에 좇은 이행을 하여야 할 채무는 '**자기사무**'에 해당하므로 배임죄 불성립

> **비교** 주식회사의 대표이사가 **대표권을 남용**하는 등 그 임무에 위배하여 회사 명의로 의무를 부담하는 행위를 하더라도 일단 회사의 행위로서 유효하고, 다만 그 상대방이 대표이사의 진의를 알았거나 알 수 있었을 때에는 회사에 대하여 무효가 된다(대법원 2004. 3. 26. 선고 2003다34045 판결 등 참조). 따라서 상대방이 대표권남용 사실을 알았거나 알 수 있었던 경우 그 의무부담행위는 원칙적으로 회사에 대하여 효력이 없고, 경제적 관점에서 보아도 이러한 사실만으로는 회사에 현실적인 손해가 발생하였다거나 실해 발생의 위험이 초래되었다고 평가하기 어려우므로, 달리 그 의무부담행위로 인하여 실제로 채무의 이행이 이루어졌다거나 회사가 민법상 불법행위책임을 부담하게 되었다는 등의 사정이 없는 이상 배임죄의 기수에 이른 것은 아니다. 그러나 이 경우에도 대표이사로서는 배임의 범의로 임무위배행위를 함으로써 실행에 착수한 것이므로 배임죄의 미수범이 된다. 그리고 **상대방이 대표권남용 사실을 알지 못하였다는 등의 사정이 있어 그 의무부담행위가 회사에 대하여 유효한 경우**에는 회사의 채무가 발생하고 회사는 그 채무를 이행할 의무를 부담하므로, 이러한 채무의 발생은 그 자체로 현실적인 손해 또는 재산상 실해 발생의 위험이라

고 할 것이어서 그 채무가 현실적으로 이행되기 전이라도 배임죄 의 기수가 된다.

 주식회사의 대표이사가 대표권을 남용하는 등 그 임무에 위배하여 **약속어음 발행을 한** 행위가 배임죄에 해당하는지도 원칙적으로 위에서 살펴본 의무부담 행위와 마찬가지로 보아야 한다. 다만 약속어음 발행의 경우 어음법상 발행인은 종전의 소지인에 대한 인적 관계로 인한 항변으로써 소지인에게 대항하지 못하므로(어음법 제17조, 제77조), 어음발행이 무효라 하더라도 **그 어음이 실제로 제3자에게 유통되었다면** 회사로서는 어음 채무를 부담할 위험이 구체적·현실적으로 발생하였다고 보아야 하고, 따라서 그 어음채무가 실제로 이행되기 전이라도 **배임죄의 기수범**이 된다. 그러나 **약속어음 발행이 무효일 뿐만 아니라 그 어음이 유통되지도 않았다면** 회사는 어음발행의 상대방에게 어음채무를 부담하지 않기 때문에 **특별한 사정이 없는 한** 회사에 현실적으로 손해가 발생하였다거나 실해 발생의 위험이 발생하였다고도 볼 수 없으므로, 이때에는 배임죄의 기수범이 아니라 **배임미수죄로 처벌**(대판 2017.7.20. 2014도1104전합)

비교 갑 주식회사 대표이사인 피고인이 갑 회사 설립의 동기가 된 **동업약정의 투자금 용도로** 부친 을로부터 2억 원을 차용한 후 을에게 갑 회사 명의의 **차용증을 작성·교부**하는 한편 갑 회사 명의로 액면금 2억 원의 **약속어음을 발행하여 공증해 줌**으로써 갑 회사에 재산상 손해를 입게 하고 을에게 재산상 이익을 취득하게 하였다고 하여 업무상배임으로 기소된 사안에서, 피고인의 행위가 대표이사의 대표권을 남용한 때에 해당하고 그 행위의 상대방인 을로서는 피고인이 갑 회사의 영리 목적과 관계없이 자기 또는 제3자의 이익을 도모할 목적으로 권한을 남용하여 차용증 등을 작성해 준다는 것을 알았거나 알 수 있었으므로 그 행위가 갑 회사에 대하여 아무런 효력이 없다고 본 원심판단은 수긍할 수 있으나, 을은 피고인이 작성하여 준 약속어음공정증서에 기하여 갑 회사의 병 재단법인에 대한 임대차보증금반환채권 중 2억 원에 이르기까지의 금액에 대하여 압류 및 전부명령을 받은 다음 확정된 압류 및 전부명령에 기하여 병 재단법인으로부터 갑 회사의 임대차보증금 중 1억 2,300만 원을 지급받은 사실에 비추어 피고인의 임무위배행위로 인하여 갑 회사에 현실적인 손해가 발생하였거나 실해 발생의 위험이 생겼으므로 배임죄의 기수가 성립하고, 전부명령이 확정된 후 집행권원인 집행증서의 기초가 된 법률행위 중 전부 또는 일부에 무효사유가 있는 것으로 판명되어 집행채권자인 을이 집행채무자인 갑 회사에 부당이득 상당액을 반환할 의무를 부담하더라도 배임죄의 성립을 부정할 수 없음(대판 2017.9.21. 2014도9960)

17) 문서죄

- 문서의 위·변조죄

변조는 '**진정하게**' 성립된 문서의 내용을 '**동일성을 해치지 않는 범위 내에서**' **변경**하는 것을 말하고, **위조는 권한 없이 타인의 명의를 모용**하여 문서를 작성하는 것을 말한다. 위임받은 권한을 초과하여 문서 작성하는 것이 위조의 대표적인 예에 해당. 사자 및 허무인 명의 문서, 문서의 사본도 동죄의 객체

> 작성권자의 직인 등을 보관하는 담당자는 일반적으로 작성권자의 결재가 있는 때에 한하여 보관 중인 직인 등을 날인할 수 있을 뿐이다. 이러한 경우 다른 공무원 등이 **작성권자의 결재를 받지 않고** 직인 등을 보관하는 담당자를 기망하여 작성권자의 직인을 날인하도록 하여 공문서를 완성한 때에도 **공문서위조죄** 성립(허위공문서작성죄의 간접정범이 성립하는 것이 아님).

Tip 위조와 변조를 구별하는 문제 즉 위조를 변조로 혹은 변조를 위조로 변경하는 문제가 빈출되므로 공소장 기재의 죄명에 주의!

- 행사죄

문서의 행사는 위·변조 문서를 진정문서 또는 내용이 진실한 문서로 사용하는 것을 의미. 다만 문서의 **위·변조된 정을 알고 있는 자**(ex. 위·변조임을 밝히고 제시, 이를 아는 중개인에게 교부, 정을 아는 공범자에 대해 제시·교부 등)에게 행사했다면 행사죄는 불성립

- 자격모용사문서작성죄

대리권 없는 자가 타인의 대리 자격을 사칭하여 자신의 명의로 문서를 작성하는 것. 다만 특정권한 예를 들면 매도 권한을 위임받아서 대금 착복을 위해 허위의 금액을 기재한 계약서를 작성한 경우라면 이는 **대리권 남용**에는 해당하지만 자격모용사문서 작성죄 불성립

> [비교] 공동친권자 중 1인이 다른 친권자의 동의 없이 한 '법정대리인 OO'라고 하여 작성한 문서
> [비교] 대표자 또는 대리인의 자격으로 임대차 등 계약을 하는 경우 그 자격을 표시하는 방법에는 특별한 규정은 없다. 피고인 자신을 위한 행위가 아니고 작성명의인을 위하여 법률행위를 한다는 것을 인식할 수 있을 정도의 표시가 있으면 대표 또는 대리관계의 표시로서 충분하다. 일반인이 명의인의 권한 내에서 작성된 문서로 믿게 하기에 충분한 정도인지는 문서의 형식과 외관은 물론 문서의 작성 경위, 종류, 내용과 거래에서 문서가 가지는 기능 등 여러 사정을 종합하여 판단함(2017도14560)

- 공문서부정행사죄

    사용권한 없는 자가 **용도 내 해당 공문서를 사용**해야 동죄가 성립하는데, 피고인이 기왕에 습득한 **타인의 주민등록증을 피고인 가족의 것이라고 제시**하면서 그 주민등록증상의 명의 또는 가명으로 이동전화 가입신청을 한 경우는 공문서를 용도 외 사용한 것으로 동죄 불성립. 본죄의 객체는 **사용용도 및 사용권한자가 특정**된 공문서일 것을 요구하므로 **인감증명서, 등기필증, 신원증명서, 주민등록표등본** 등은 객체가 아님

- 허위공문서작성죄

    본죄는 **작성권한이 있는 공무원**이 그 권한의 범위 내에서 권한을 남용하여 허위공문서를 작성한 경우에는 성립하는 **진정신분범**. 따라서 공무원이 아닌 **일반사인**이 작성권자인 공무원을 이용하더라도 본죄의 간접정범은 불성립

    > 비교 공무원의 문서작성을 보조하는 직무에 종사하는 공무원이 허위공문서를 기안하여 허위임을 모르는 작성권자의 결재를 받아 공문서를 완성한 때에는 허위공문서작성죄의 간접정범이 성립. 그리고 이러한 **결재를 거치지 않고** 임의로 작성권자의 직인 등을 부정 사용함으로써 공문서를 완성한 때에는 공문서위조죄가 성립

18) 공무집행방해죄

    - 공무집행방해죄는 공무원의 **직무집행이 적법**한 경우에 한하여 성립하므로 예를 들면 부득이한 사유가 없음에도 불구하고 미란다원칙을 고지하지 않고 한 현행범인체포 및 긴급체포는 불법한 공무집행에 해당하므로 이를 방해했다고 하더라도 동죄 불성립

19) 업무방해죄

    - 업무방해죄와 공무집행방해죄는 그 보호법익과 보호대상이 상이할 뿐만 아니라 업무방해죄의 행위유형에 비하여 공무집행방해죄의 행위유형은 보다 제한되어 있다. 그러므로 형법이 업무방해죄와는 별도로 공무집행방해죄를 규정하고 있는 것은 사적 업무와 공무를 구별하여 공무에 관해서는 공무원에 대한 폭행, 협박 또는 위계의 방법으로 그 집행을 방해하는 경우에 한하여 처벌하겠다는 취지라고 보아야 한다. 따라서 공무원이 직무상 수행하는 공무를 방해하는 행위에 대해서는 업무방해죄로 의율할 수는 없음(2009도4166)

20) 위계에 의한 공무집행방해죄

- 피의자나 참고인이 아닌 자가 자발적이고 계획적으로 **피의자를 가장하여 수사기관에 대하여 허위사실을 진술한 경우** 동죄 불성립

> **비교** 피의자나 참고인이 수사기관에 혈액이나 소변을 바꿔치기 하여 제출한 경우 위계에 해당

21) 증거인멸 · 은닉 · 위조죄

- 공통증거를 인멸한 경우 즉 **자기의 이익을 위하여** 그 증거가 될 자료를 인멸하였다면 그 행위가 동시에 **다른 공범자의 형사사건이나 징계사건에 관한 증거를 인멸한 결과가 된다고 하더라도** 이를 증거인멸죄로 다스릴 수 없고 이러한 법리는 그 행위가 '**공범자가 아닌 자**'의 형사사건이나 징계사건에 관한 증거를 인멸한 결과가 되더라도 마찬가지(나아가 자기의 이익을 위하여 증거를 인멸한 경우 그것이 다른 공범자의 증거인지를 불문하고 증거인멸죄는 불성립)

- **자신의 형사사건에 관한 증거**은닉행위는 처벌의 대상이 되지 아니하므로 자신의 형사사건에 관한 증거은닉을 위하여 타인에게 도움을 요청하는 행위 역시 원칙적으로 처벌되지 아니하나, **다만 그것이 방어권의 남용**이라고 볼 수 있을 때는 증거은닉교사죄로 처벌할 수 있음

- 참고인이 타인의 형사사건 등에서 직접 진술 또는 증언하는 것을 대신하거나 그 진술 등에 앞서서 **허위의 사실확인서나 진술서**를 작성하여 수사기관 등에 제출하거나 또는 제3자에게 교부하여 제3자가 이를 제출한 것은 존재하지 않는 문서를 이전부터 존재하고 있는 것처럼 작출하는 등의 방법으로 새로운 증거를 창조한 것도 아니며 **참고인이 수사기관에서 허위의 진술을 하는 것과 차이가 없으므로**, 증거위조죄를 구성하지 않음

> **비교** 참고인이 타인의 형사사건 등에 관하여 제3자와 대화를 하면서 허위로 진술하고 위와 같은 허위 진술이 담긴 대화 내용을 녹음한 녹음파일 또는 이를 녹취한 녹취록은 위의 허위의 사실확인서나 진술서를 작성하여 수사기관 등에 제출하는 것과는 달리 증거위조죄 성립

22) 무고죄

- **고소 · 고발 사실 자체가 범죄가 아님이 명백**한 때(ex. 공소시효 완성이나 고소기간이 도과한 것이 명백한 때, 인감증명서를 부정행사한 것, 동산의 이중양도 등)

- **정황을 다소 과장**한 것에 지나지 아니한 때(ex. 상해의 정도 등)
- 여기서의 징계처분이란 **공법상의 감독관계**에서 질서유지를 위하여 과하는 신분적 제재를 말함. 따라서 피고인이 **사립대학교 교수인 피해자들**로 하여금 징계처분을 받게 할 목적으로 국민권익위원회에서 운영하는 범정부 국민포털인 국민신문고에 민원을 제기한 경우는 무고죄 불성립

23) 강취와 달리 편취·공갈하여 취득한 카드로 현금을 인출한 행위에 있어서 절도
- 예금주인 현금카드 소유자를 협박하여 그 **카드를 갈취**한 다음 피해자의 승낙에 의하여 현금카드를 사용할 권한을 부여받아 이를 이용하여 **현금자동지급기에서 현금을 인출**한 행위는 모두 **피해자의 예금을 갈취하고자 하는 피고인의 단일하고 계속된 범의 아래에서 이루어진 일련의 행위로서 포괄하여 하나의 공갈죄**를 구성하고 별도의 절도죄는 불성립

> 참고 피해자 명의의 신용카드를 부정사용하여 현금자동인출기에서 현금을 인출하고 그 현금을 취득까지 한 행위는 신용카드업법 제25조 제1항(현 여전법 제70조 제1항)의 부정사용죄에 해당할 뿐 아니라 그 현금을 취득함으로써 현금자동인출기 관리자의 의사에 반하여 그의 지배를 배제하고 그 현금을 자기의 지배하에 옮겨 놓는 것이 되므로 별도로 절도죄를 구성하고, 위 양 죄의 관계는 그 보호법익이나 행위태양이 전혀 달라 실체적 경합관계에 있는 것으로 보아야 한다. (2019. 10모. 95도997)
>
> 참고 예금주인 현금카드 소유자로부터 일정한 금액의 현금을 인출해 오라는 부탁을 받으면서 이와 함께 현금카드를 건네받은 것을 기화로 그 **위임을 받은 금액을 초과하여 현금을 인출**하는 방법으로 그 차액 상당을 위법하게 이득할 의사로 현금자동지급기에 그 초과된 금액이 인출되도록 입력하여 그 초과된 금액의 현금을 인출한 경우에는 그 인출된 현금에 대한 점유를 취득함으로써 이 때에 그 **인출한 현금 총액 중 인출을 위임받은 금액을 넘는 부분의 비율에 상당하는 재산상 이익**을 취득한 것으로 볼 수 있으므로 이러한 행위는 그 차액 상당액에 관하여 형법 제347조의2(컴퓨터등사용사기)에 규정된 '컴퓨터 등 정보처리장치에 권한 없이 정보를 입력하여 정보처리를 하게 함으로써 재산상의 이익을 취득'하는 행위로서 컴퓨터 등 사용사기죄에 해당된다. (2019. 10모. 2005도3516)
> (이때 피해자는 현금지급기 관리자인 은행이므로 친족상도례 규정 적용 안됨. 2019. 10모. 2006도2704)
> (이때 컴퓨터등사용사기죄에 의하여 취득한 예금채권은 재물이 아니라 재산상 이익이므로, 장물취득죄의 성립 부정. 2019. 10모. 2004도353)

24) 신용카드부정사용죄

- 여전법 제70조 제1항의 **"부정사용"**이라 함은 **신용카드나 직불카드를 그 본래의 용법에 따라 사용**하는 것을 의미하므로 **예금인출 및 계좌이체** 등은 신용카드의 본래의 신용적 기능을 이용한 것이 아니어서 동죄 불성립

- 여전법 제70조 1항 4호에 의하면 "**강취·횡령**하거나 사람을 **기망·공갈**하여 취득한 신용카드 또는 직불카드를 판매하거나 사용한 자"를 처벌하는바, 여기서 강취, 횡령, 기망 또는 공갈로 취득한 신용카드는 소유자 또는 점유자의 의사에 기하지 않고 그의 점유를 이탈하거나 그의 의사에 반하여 점유가 배제된 신용카드를 가리킴(기망·공갈은 거의 사문화)

> **참고** 여전법 제70조 제1항 제3호는 **분실**하거나 **도난**당한 신용카드나 직불카드를 판매하거나 **사용**한 자를 처벌

	A(신용카드 습득시)	B(신용카드 사용시)		C(신용카드 부정사용죄)
타인카드	편취 (사기죄의 포괄일죄) 갈취 (공갈죄의 포괄일죄) 강취 횡령 절취	ATM	현금인출 (절도죄) 피해자 : 은행 (현금지급기 관리자)	X
			현금서비스 (절도죄) 피해자 : 은행 (현금지급기 관리자)	본래적 용법 여전법 70조 4호, 3호(절취)
			계좌이체 (컴퓨터등사용사기죄) 피해자 : 은행 (현금지급기 관리자)	X
		상점	물품구매 (사기죄) 피해자 : 각 상점 (실체적 경합)	본래적 용법 여전법 70조 4호, 3호(절취)

		A(신용카드 습득시)		B(신용카드 사용시)	C(신용카드 부정사용죄)
자기카드	부정발급 (자력상태 X) (사기죄의 포괄일죄) 피해자 : 카드회사		ATM	현금서비스 (사기죄)	'사람'을 기망해서 X
			상점	물품구매 (사기죄)	
	정상발급		ATM	현금서비스 (사기죄) 비로소 고의 生 (자력상태 X)	
			상점	물품구매 (사기죄) 비로소 고의 生 (자력상태 X)	

25) 도교법위반

- 도로교통법은 **도로에서 일어나는** 교통상의 위험 등을 방지하고 제거하여 안전하고 원활한 교통 확보를 목적으로 함
- **음주·약물·음주측정거부·사고후미조치**에서 '**도로外**' 운전까지 확장. 그러나 **무면허 운전**의 경우는 여전히 도로에서의 운전에 한정. 따라서 불특정의 사람이나 차량의 통행을 위하여 **공개된 장소** 예컨대 **대학 내 통행로, 아파트 단지 내 통행로, 가스충전소 내 가스주입구역** 등은 도로로 볼 수 없으므로 무면허 운전을 하더라도 동죄 불성립
- 음주·무면허운전에서 '**운전이 아닌, 즉 고의의 운전행위가 아닌 경우**' 동죄불성립
- **원동기장치자전거**의 경우 **운전면허 효력이 정지**된 경우는 '무면허'운전이 아님
- 도로교통법 제151조(과실재물손괴)와 관련, 동 법조의 '그 밖의 재물' 중에는 **범행의 수단 또는 도구로 제공된 차량 자체**는 포함되지 않음

		↔ (실경)		
↕ (상경)	음주운전	업무상 과실치상 ↓ 교특법위반 ↓ 위험운전 치상	(치상) 사고후미조치	사고후 미신고
	무면허운전		도주차량	
		과실재물손괴	(손괴) 사고후미조치	

26) 부수법위반

- 제5조 수표위조죄 (사자 또는 허무인 명의)

> 비교 약속어음과 같이 유통성을 가진 유가증권의 위조는 일반거래의 신용을 해하게 될 위험성이 매우 크다는 점에서 적어도 행사할 목적으로 외형상 일반인으로 하여금 진정하게 작성된 유가증권이라고 오신케 할 수 있을 정도로 작성된 것이라면 그 발행명의인이 가령 실재하지 않은 사자 또는 허무인이라 하더라도 그 위조죄가 성립. (2019. 10모 2010도1025)
>
> 비교 유가증권위조·변조죄에 관한 형법 제214조 제1항은 "행사할 목적으로 대한민국 또는 외국의 공채증서 기타 유가증권을 위조 또는 변조한 자는 10년 이하의 징역에 처한다"라고 규정하고 있는 반면, 수표위조·변조죄에 관한 부정수표단속법 제5조는 "수표를 위조 또는 변조한 자는 1년 이상의 유기징역과 수표금액의 10배 이하의 벌금에 처한다"라고 규정하고 있는바, 이러한 부정수표단속법 제5조의 문언상 본조는 수표의 강한 유통성과 거래수단으로서의 중요성을 감안하여 유가증권 중 수표의 위·변조행위에 관하여는 범죄성립요건을 완화하여 초과주관적 구성요건인 '행사할 목적'을 요구하지 아니하는 한편, 형법 제214조 제1항 위반에 해당하는 다른 유가증권위조·변조행위보다 그 형을 가중하여 처벌하려는 취지의 규정이라고 해석. (2019. 10모 2007도10100)

- 발행일 백지수표는 동죄의 객체가 아님

> 비교 발행일 외 백지수표 및 선일자수표는 동죄의 객체

- 적법한 지급제시가 없는 경우(발행일로부터 10일이내, 발행일자 다음날로부터 기산)
  ① 수표상에 기재된 발행일자가 그 지급제시기간 내에 **적법하게 정정**된 경우에는 **정정된 발행일자**로부터 기산되나 **적법한 권한 없이 정정**한 경우에는 그 타인이 **정정하기 전의 발행일자**로부터 기산된 지급제시기간 내에 지급제시가 이루어지지 않는 한, 동법 위반죄로 처벌할 수 없음
  ② **보충권 범위를 유월**하거나 **보충권소멸시효 완성 후 보충**한 경우에는 적법한 보충이 아니므로 동법 위반이 아님

- 부도수표 회수 시의 조치(**비교** 부정수표)

  반의사불벌죄에서의 처벌불원의 의사표시와 같은 효과. 다만 **제1심판결 선고 전까지 회수하여야함.** 그러나 발행인이 수표액면금액 상당의 돈을 **변제공탁**하여 수표소지인이 이를 수령하였다고 하여 이를 '**회수**'로 **볼 수 없음**

  💡 친고죄에 있어서 고소불가분의 원칙은 반의사불벌죄에 적용되지 않지만, 부도수표가 공범에 의하여 회수된 경우에는 회수의 효과가 다른 공범에게도 미침

25) 아청법위반

- 동법의 적용대상인 아동·청소년은 "아동·청소년"이란 19세 미만의 자를 의미 **다만, 19세에 도달하는 연도의 1월 1일을 맞이한 자는 제외**(제2조 제1호, '연19세 미만')

6. 면소

가. 개관

피고인의 공소범죄사실에 대하여 다음 네 가지의 경우에 해당하면 면소판결을 함
① **확정판결**이 있는 경우
② **사면**된 경우
③ **공소시효가 완성**된 경우
④ 범죄 후 **법령이 폐지**된 경우
🆘 면소 사유가 있다면 변론요지서에 면소사유를 주장하여야지 무죄 주장을 해서는 안 됨

나. 확정판결이 존재하는 경우

① 기판력 발생하는 판결 등(ex. **판결**, **약식명령**, 즉결심판, 과태료·범칙금 납부 등)
② 기판력의 시적 범위(판결은 **사실심선고일**, 약식명령은 **약식명령발령일**까지)
③ 기판력의 객관적 범위(**공소사실의 동일성이 인정되는 범위 내**(기·사·동))
🆘 포괄일죄에 있어서, 상습범으로 기소되어 확정된 경우에 확정판결의 사실심 판결 선고 전에 행해진 범행에 대하여 기판력 미침. 반면 상상적 경합 관계에 있는 범죄의 경우 그 중 1죄에 대한 확정판결의 기판력은 타죄에 대하여도 미침

다. 공소시효 완성

```
----기산점 --------------정지-------------기간만료-------〉
```

① 기산점
 - 범죄행위의 종료시로 범죄의 실행행위 자체뿐만 아니라 결과발생을 포함하는 **최종적인 범죄완성시**를 의미(ex. 포괄일죄는 최종 범죄행위가 종료된 때). 보통 범죄일시가 **2015년 이전**이면 공소시효완성을 의심!!

② 정지
 - 범인이 형사처분을 면할 목적으로 **국외**에 있는 경우(출국 다음날부터 귀국 전날까지의 기간 계산하여 연장)

- 공범의 1인에 대한 공소제기로 인한 시효정지는 다른 공범자에 대하여 효력이 미치고 당해 사건의 재판이 확정된 때로부터 진행(공범에 대한 공소제기일로부터 재판확정일까지의 기간 계산하여 연장). 다만 필요적 공범 중 대향범(ex. 수뢰자와 공여자) 간에는 공소시효 정지 규정 준용 되지 않음(🅣🅘🅟 이 경우에는 공소시효가 완성돼 면소판결의 대상이 된다는 결론으로 문제가 출제될 것)

③ 기간만료
 - 공소시효는 공소장에 기재된 **공소사실에 대한 법정형**이 기준이 되고, 다만 공소장 변경 있다면 **변경된 공소사실의 법정형**이 기준이 됨. 공소시효완성여부는 최초 공소제기시가 기준

7. 공소기각판결

가. 친고죄의 적법한 고소 여부

- 공소사실이 **절대적 친고죄** 또는 **상대적 친고죄**에 해당함을 전제
- 고소는 반드시 고소장 형식일 필요는 없음
- **고소기간**은 **범인을 알게 된 날로부터 6월 내**이고, 고소기간 경과했다면 제327조 제2호의 공소기각판결 선고
- **고소의 추완**을 인정할 수 있는지 즉 친고죄에 있어서 고소가 없음에도 불구하고 공소를 제기한 후에 비로소 고소가 있는 경우에 고소가 적법하게 될 수 있는지의 문제이나 **판례는 부정설**의 입장으로 제327조 제2호의 공소기각판결 선고
  - 🅣🅘🅟 고소장이 수사기록 말미 혹은 공판기록 속에 첨부된 경우 고소의 추완이 쟁점일 수 있음

나. 친고죄 · 반의사불벌죄에 있어서 고소취소장 또는 처벌불원서의 제출

- 공소제기시점을 기준으로 **합의서 제출일자**(작성일 아님)가 공소제기 전/후 인지 구별!!
  ① **공소제기 전**이라면 제327조 제2호 공소기각판결
  ② **공소제기 후 1심판결선고전**이라면 친고죄의 경우는 **제327조 제5호**, 반의사불벌죄의 경우에는 **제327조 제6호**의 각 공소기각판결
- 공범관계에서 고소불가분의 원칙 적용 관련 문제
  ① **절대적 친고죄**의 공범 중 일부에 대하여 **제1심 판결 선고**가 있었다면 판결 받지 못한 다른 공범에 대한 고소취소는 불가하므로 실체판결의 대상
  ② **상대적 친고죄**에서 공범 중 일부만이 고소인과 신분관계에 있는 경우에, 고소취소의 효력은 신분관계 없는 공범에 미치지 않으므로 신분관계 없는 자는 실체판결의 대상

- 반의사불벌죄에서의 공범 간에는 주관적 불가분 원칙이 준용되지 않음(판례). 다만, **부도수표가 공범에 의하여 회수된 경우에** 그 소추조건으로서의 효력은 **회수 당시 소지인의 의사와 관계없이 다른 공범자에게도 당연히 미치는 것**으로 보아야 할 것이고 부도수표를 실제 회수한 공범이 다른 공범자의 처벌을 원한다고 하여 달리 볼 것은 아님. 결국 적법한 수표회수라면 다른 공범자에 대하여 **제327조 제2호 혹은 제6호의 공소기각판결** 선고

8. 이유무죄, 축소사실 경합 문제

가. 이유무죄, 축소사실 면소(제3호) 경합의 경우

① 폭처법위반에 대하여 제325조의 후단 무죄-> 축소사실인 협박에 대하여 공소시효 5년이 이미 경과하여 제326조 제3호의 면소판결 선고
② 특가법위반(뇌물)에 대하여 제325조의 후단 무죄-> 축소사실인 나머지 1,000만원의 뇌물수수에 대하여는 공소시효 7년이 이미 경과하여 제326조 제3호의 면소판결 선고

나. 이유무죄, 축소사실 공소기각 경합의 경우

① 특가법위반(도주차량), 도교법위반(음주운전)에 대해서는 제325조의 후단 무죄-> 축소사실인 교특법 위반과 관련하여 교특법 3조 1항 본문 적용이 적용되어 제327조의 2호의 공소기각판결 선고
② 공갈에 대해서는 제325조의 전단 무죄-> 축소사실인 협박에 대하여 피해자가 처벌불원을 표시하고 있으므로 제327조의 제2호 혹은 제6호의 공소기각판결 선고

9. 보석허가청구서(변시 8회 변형)

보석허가청구서

 사건   2018고합1947 성폭력범죄의처벌등에관한특례법위반(특수준강간) 등
 피고인 이을남
 청구인 변호인 변호사 강변호

 위 사건에 관하여 피고인 이을남은 현재 서울구치소에 수감 중인바, 피고인의 변호인은 아래와 같이 피고인에 대한 보석을 청구합니다.

청 구 취 지

피고인 이을남에 대한 보석을 허가한다.
라는 **결정**을 구합니다.

청 구 이 유

Ⅰ. 보석사유의 존재
 1. 필요적 보석허가 사유의 구비
  가. 피고인에게 선고 가능한 법정형은 장기 10년이 넘는 징역이나 금고에 해당하지 아니합니다.
   피고인에 대한 공소사실 중 성폭법(특수준강간)의 법정형은 무기징역 또는 5년 이상의 징역이고, 아청법(준강간)의 법정형이 무기징역 또는 5년 이상의 유기징역으로 장기 10년이 넘는 범죄에 해당하지만, 아래에서 변론하는 바와 같이 범행 당시 피해자가 연 19세였으므로 아청법 위반에 대해서는 형사소송법(이하 법명생략) 제325조 전단의 무죄판결, 성폭법위반(특수준강간)의 점에 대해서는 제325조 후단의 무죄판결이 선고되어야 하므로, 나머지 공소사실인 출판물에 의한 명예훼손의 법정형이 3년 이하의 징역이나 금고인 이상, 필요적 보석의 예외사유에 해당하지 않습니다.

나. 피고인은 누범이나 상습범에 해당하지 않습니다
조회회보서에 따르면 피고인에겐 전과가 없으므로 누범이나 상습범에 해당하지 않습니다.

다. 피해자나 그 친족의 생명, 신체, 재산에 위해를 가할 염려가 없습니다.
피고인은 출판물에 의한 명예훼손의 피해자 나병녀를 위해서 300만원을 공탁하였고 피해회복을 위해 노력하고 있는 바, 피해자의 생명이나 신체 기타 재산에 위해를 가할 염려가 없습니다.

라. 피고인이 죄증을 인멸할 염려가 없습니다.
피고인은 무죄가 선고되어야 할 공소사실 외에는 공소사실을 인정하고 있고, 이미 수사를 통한 증거가 충분히 확보된바, 피고인이 죄증을 인멸할 염려가 없습니다.

마. 피고인의 주거가 분명하며, 피고인이 도망하거나 도망할 염려가 없습니다.
피고인은 주민등록지인 서울특별시 동작구 노량진로 21 미래연립 106호에 아버지 이수완, 어머니 유장숙과 함께 거주하고 있으며, 팔성전자 주식회사에서 2015.3.2. 부터 현재까지 재직하고 있습니다. 또한 출판물에 의한 명예훼손죄의 공소사실과 관련하여 2019.1.3. 피해자 나병녀를 위하여 300만원을 공탁한 사실이 인정되므로 피고인이 도망할 염려 또한 없습니다.

2. 소결
위와 같이 이 사건은 **필요적 보석허가사유를 구비**하였고, 설령 그렇지 않다고 하더라도 **피고인에게 무기대등 및 방어권 보장을 위하여 보석을 허가할 상당한 이유가 존재**합니다.

Ⅱ. 공소사실에 대한 변론
 1. 아청법 위반의 점
 2. 성폭법위반의 점
 3. 출판물에 의한 명예훼손의 점

Ⅲ. 보석의 조건에 대하여
보증금 납부, 서약서 및 출석보증서의 제출, 공탁 등을 조건으로 보석허가를 구합니다. 다만 보증금 납입을 조건으로 보석을 허가하실 경우에는 피고인의 구속이 장기화됨에 따라 피고인 및 피고인 가족의 경제적 상황이 점점 어려워지고 있으므로, 가능하다면 **유가증권**이나 피고인의 父 000이 제출하는 **보석보증보험증권이 첨부된**

보증서로써 보증금에 갈음할 수 있도록 허가하여주시기 바랍니다.

Ⅳ. 결론

위의 같은 점을 참작하여 피고인이 불구속 상태에서 재판을 받을 수 있도록 피고인에 대한 보석을 허가하여 주시기 바랍니다.

10. 기재례

★ **제325조 전단 무죄**

편취한 신용카드에서 예금인출 및 현금 서비스를 받은 사안(=절도죄 성부, 법전협 2012년 3차)

신용카드 소유자를 기망하여 그 카드를 편취하고, 하자 있는 의사표시이기는 하지만 피해자의 승낙에 의하여 신용카드를 사용할 권한을 부여받아 이를 이용하여 현금지급기에서 예금을 인출하거나 현금서비스를 받았다면, 이는 신용카드 편취행위와 포괄하여 하나의 사기죄를 구성하고 별개로 절도죄를 구성한다고 할 수는 없습니다.

이 사건에서 피고인은 피해자 고순진으로부터 편취한 신용카드의 사용권한을 부여받아 예금인출과 현금서비스를 받은 것이므로 이 부분 공소사실은 포괄일죄를 이루고 별도로 절도죄는 성립하지 않습니다.

따라서 이 부분 공소사실은 범죄로 되지 않는 경우에 해당하므로 형소법 제325조 전단에 의하여 무죄판결이 선고되어야 합니다.

★ **제325조 후단 무죄**

가. 자백의 보강법칙 적용(보강증거가 없는 경우, 변시 3회)

1) 별건압수

제216조 제1항 제2호에 의한 체포현장에서의 영장 없는 압수도 당해 피의사실과 관련이 있는 증거물에 한합니다. 그런데 경찰은 체포영장의 피의사실인 강도, 점유이탈물횡령의 범죄사실과 관련성이 없는 금목걸이를 압수하였는바, 이는 경찰의 압수조서에 "체포 범죄사실과는 별도의 범죄행위로 취득하였을 것으로 보이는 금목걸이"라고 기재한 점에 비추어도 명확합니다.

따라서 금목걸이는 위법한 압수물이고, 이에 대한 사후영장을 발부받은 사실도 없으므로 금목걸이와 그 압수조서는 위법수집증거이거나 그 파생증거로서 증거로 쓸 수 없고, 이는 피고인이 증거동의하였더라도 마찬가지입니다.

2) 보강증거 결여 및 소결

결국 이 사건 공소사실에 대하여는 피고인의 자백만이 유일한 증거이고 달리 이를 보강할 만한 증거가 없는바, 피고인의 자백이 피고인에게 불리한 유일한 증거인 때에는 이를 유죄의 증거로 하지 못합니다. 따라서 이 부분 공소사실은 범죄의 증명이 없는 경우에 해당하므로 제325조 후단 무죄판결이 선고되어야 합니다.

나. 신빙성 부족의 경우(법전협 2018년 2차)

공소사실에 부합하는 증거는 피해자 이삼동의 진술이 유일하지만 다음과 같은 이유로 해당 진술은 믿기 어렵습니다.

① 피해자의 진술 이외에 공소사실에 부합하는 객관적인 증거가 존재하지 않습니다. 피해자는 보행자신호가 10초 이상 남은 상태에서 횡단보도를 건너기 시작한 직후 사고가 났다고 진술하고 있지만 사고 직후 현장을 목격한 임우진의 진술에 따르면 사고 후 1, 2초 이내 현장의 보행자신호가 적색이었다고 엇갈린 진술을 하고 있으며, 피고인 차량이 우회전하기 위해 정차하고 있던 당시 피고인 차량 뒤에서 직진하기 위해서 기다리고 있던 염규호 또한 피고인이 우회전하기 전 최소한 1분 이상 정차하였다고 진술하고 있고, 신호체계에 관한 수사보고의 기재에 의하면 교차로 차량 진행신호와 함께 오른쪽 보행자 진행신호가 약 1분 동안 켜진다는 것으로 피고인 및 염규호의 진술과 부합하는 등 오히려 다른 모든 증거들이 피해자의 진술과 상반된 사실을 증명하고 있음을 알 수 있습니다.

② 유일한 피해자의 진술 또한 일관성이 없습니다. 피해자는 경찰단계에서 참고인조사를 받을 당시 피고인으로부터 죄송하다는 말을 들었고 이는 사실상 신호위반을 인정한 취지의 진술이었다고 진술하였다가 이후 법정에 증인으로 나와서는 피고인으로부터 신호위반을 했다는 진술을 들은 바가 없다고 하여 진술을 번복하고 있습니다. 이러한 진술번복의 경위 또한 피해자의 주장과 상치된 다른 목격자의 진술을 피고인의 변호인이 제시하자 이루어졌다는 점에서 피해자의 진술을 더욱 믿기 어렵게 합니다.

③ 피해자에게 불리한 증언을 하고 있는 임우진 및 염규호에게 이 사건 공소사실과 관련하여 허위진술을 할 동기가 전혀 없는데 반해, 피해자에게는 당시 피고인이 음주운전을 한 것이 괘씸해서 허위로 진술했을 가능성이 없지 않으며 무엇보다도 사고 후 합의를 유리하게 가져가기 위해서 충분히 허위 진술을 할 동기가 인정됩니다.

④ 피해자의 진술 행태 또한 상식적으로 진실을 얘기하는 자의 모습이라고 보기 어렵습니다. 피해자는 법정에서 '충격된 시점에도 녹색등이 점멸 중이었을 것이다' '목격자의 진술이 피해자의 진술에 반하는 것에 대하여는 잘 모르겠다' '피고인이 신호위반을 인정한 것은 아니다' '합의를 위한 전화통화시 피해자의 무단횡단 사실을 인정하였던 점에 대해서는 답변을

거부하겠다'는 취지로 불분명하게 진술하고 있고, 자신에 불리한 신문에는 답변을 거부하고 있는 점 등을 종합하여 볼 때 피해자의 진술은 신빙성이 없습니다.

★ 면소판결
1. 1호 확정판결의 존재
가. 포괄일죄 관련(법전협 2015년 1차)

피고인은 2015. 5. 2. 서울중앙지방법원에서 상습사기죄로 벌금 300만 원의 약식명령을 발령받아 동 약식명령은 2015. 5. 31. 확정되었습니다.

확정된 약식명령의 범죄사실은 피고인이 2014. 6. 19.부터 2014. 11. 22.까지 피해자가 운영하는 유흥주점에서 합계 2,565,000원 상당의 술과 안주를 편취하였다는 것으로, 약식명령 발령일 이전에 범한 이 사건 사기의 공소사실과 그 범행의 수단, 방법, 범행기간, 피고인의 전과 등에 비추어 볼 때 모두 포괄일죄의 관계가 인정됩니다.

결국, 상습사기죄에 대해 확정된 약식명령의 효력은 그와 포괄일죄의 관계에 있는 약식명령의 발령일 이전에 범한 이 부분 공소사실에 미칩니다. 따라서 이 부분 공소사실은 형소법 제326조 제1호의 확정판결이 있는 때에 해당하므로 면소판결을 선고하여 주시기 바랍니다.

나. 상상적 경합(법전협 2015년 3차)

피고인은 2012. 10 17. 서울동부지방법원에서 도로교통법위반(음주운전)죄로 벌금 300만 원의 약식명령을 발령 받아 2012. 11. 15. 확정되었습니다.

판례는 유사 사안에서 술에 취한 상태에서 무면허로 오토바이를 운전한 것은 1개의 운전행위라고 평가되므로 무면허운전과 음주운전 두 죄는 형법 제40조의 상상적 경합 관계에 있다고 보았습니다(대판 1987.2.24. 86도2731 참조). 사안에서 확정판결의 범죄사실인 음주운전과 이 사건 공소사실인 무면허운전 역시 모두 피고인이 같은 일시, 장소에서 행했던 것으로 사회관념상 하나의 행위로 평가되므로 상상적 경합 관계에 해당합니다.

결국, 음주운전 사실과 상상적 경합관계에 있는 이 부분 공소사실인 무면허운전에도 위 확정된 약식명령의 기판력이 미칩니다. 따라서 이 부분 공소사실은 형소법 제326조 제1호의 확정판결이 있는 때에 해당하므로 면소판결을 선고하여 주시기 바랍니다.

2. 3호 공소시효의 완성(법전협 2016년 1차)

뇌물공여죄는 법정형이 5년 이하의 징역 또는 2천만원 이하의 벌금에 해당하는 범죄로서, 형소법 제249조 제1항 제4호에 따라 공소시효가 7년입니다. 이 사건 공소가 범죄행위가 종료된 때인 2009. 1. 3.로부터 7년을 경과한 2016. 3. 15.에 제기되었음이 역수상 명백하여 공소시효가 완성되었습니다. 따라서 이 부분 공소사실은 공소시효가 완성되었을 때에 해당하므로 형소법 제326조 제3호에 따른 면소 판결을 선고하여 주시기 바랍니다.

★ 공소기각판결

1. 2호 공소제기의 절차가 법률의 규정에 위반하여 무효

가. 고소기간 도과(법전협 2012년 3차)

1) 이 사건 쟁점

피고인과 피해자 고순진이 동거하지 않는 사촌관계입니다. 이때 형법 제347조의 사기죄는 형법 제354조, 제328조에 따라 피해자의 고소가 있어야 공소를 제기할 수 있는 상대적 친고죄로서 범인을 알게 된 날로부터 6월이 경과하면 고소하지 못합니다. 사안에서 고소기간 내에 피해자의 적법한 고소가 있었는지 여부가 문제됩니다.

2) 고소기간 도과 여부

피해자 고순진은 2011. 5. 8. 피고인을 만나 자신에게 피고인의 부친이 수술을 한다는 거짓말을 한 것을 추궁했다고 진술하였는바, 피해자 고순진은 위 2011. 5. 8. 에는 피고인 고기만이 사기죄의 범인임을 알았다고 볼 수 있습니다. 그런데 고순진 작성의 고소장은 그로부터 6개월이 경과한 2012. 4. 11. 수사기관에 제출되었으므로 이 사건 고소는 고소기간을 도과하여 부적법합니다.

3) 소결

따라서 이 사건 공소는 고소 없이 제기된 것으로서, 공소제기의 절차가 법률의 규정에 위반하여 무효인 때에 해당하므로 형소법 제327조 제2호에 따라 공소기각의 판결을 선고하여 주시기 바랍니다.

나. 고소의 추완(법전협 2012년 2차)

피고인과 피해자 이삼숙은 동거하지 않는 사촌관계입니다. 이때 형법 제347조의 사기죄는 형법 제354조, 제328조에 따라 피해자의 고소가 있어야 공소

를 제기할 수 있는 상대적 친고죄로서 범인을 알게 된 날로부터 6월이 경과하면 고소하지 못합니다. 사안에서 고소기간 내에 피해자의 적법한 고소가 있었는지 여부가 문제됩니다.

한편 판례에 따르면 친고죄에서 공소제기 후의 고소의 추완은 인정되지 않는데, 피해자 이삼숙은 공소제기일인 2012. 6. 5. 이후인 2012. 7. 7.에서야 고소장을 제출하였습니다.

따라서 이 사건 공소는 고소 없이 제기된 것으로서, 공소제기의 절차가 법률의 규정에 위반하여 무효인 때에 해당하므로 형소법 제327조 제2호에 따라 공소기각의 판결을 선고하여 주시기 바랍니다.

다. 일죄일부에 대한 공소제기(법조경합 관계에 있는 사실로 공소제기, 2014년 법전협 2차)

피고인과 피해자는 동거하지 않는 친족으로서 이 사건 형법 제330조의 야간주거침입절도죄는 피해자의 고소가 있어야 공소를 제기할 수 있는 상대적 친고죄에 해당합니다. 그런데 피해자의 고소가 없음에도 불구하고 축소사실인 주거침입죄에 대해서 한 이 부분 공소제기가 적법한지가 문제됩니다.

판례는 폭행 또는 협박으로 부녀를 강간한 경우에는 강간죄만 성립하고 그 구성요건인 폭행 또는 협박은 이에 흡수되는 법조경합의 관계에 있는 만큼 이를 따로 떼어내어 공소제기할 수 없다는 입장입니다.

위 관련 법리에 비추어 볼 때 상대적 친고죄인 이 사건 야간주거침입절도에 대해서는 피해자의 고소가 없는 이상 공소제기를 할 수 없고, 그 수단으로 이루어진 주거침입에 대해서도 따로 공소제기를 할 수 없습니다. 따라서 주거침입에 대한 이 부분 공소사실은 공소제기 절차가 법률에 위반되어 무효인 경우에 해당하므로 형소법 제327조 제2호에 의해 공소기각 판결을 선고하여 주시기 바랍니다.

라. 반의사불벌죄에서 처벌불원의 의사표시

1) 이 사건이 교특법 제3조 제2항 각 단서에 해당하는지 여부(각 판례소개)
2) 교특법 제3조 제2항의 각 단서에 해당하는 사유를 인정할 수 없으므로, 교특법 제3조 제2항 본문과 동법 제4조 제1항에 따라 피해자가 처벌불원의 의사를 표시한 경우나 운전자가 종합보험에 가입한 경우에는 처벌불원을 원칙으로 합니다. 사안에서 피고인의 차량은 자동차 종합보험에 가입되어 있습니다.
3) 따라서 피고인이 종합보험에 가입된 이상 공소제기할 수 없으므로 이 부분 공소

사실은 공소제기의 절차가 법률의 규정에 위반하여 무효인 때로 형소법 제327조 제2호의 공소기각의 판결이 선고되어야 합니다.

2. 5호 공소제기 후 고소취소

피고인 김갑동은 피해자 박을서와 동거하지 않는 4촌 형제인 친족입니다. 공범자의 1인만이 피해자와 친족관계에 있는 경우에도 친족상도례 규정이 적용되므로, 피고인에 대한 이 사건 형법 제331조의 특수절도죄 또한 상대적 친고죄에 해당합니다.

그러나 피해자 박을서가 이 사건 공소제기 이후인 2016. 7. 12. 제2회 공판기일에 증인으로 출석하여 피고인 김갑동에 대한 고소를 취소한다는 의사를 표시하였습니다.

따라서 이는 '고소가 있어야 죄를 논할 사건에 대하여 고소의 취소가 있은 때'에 해당하므로 형소법 제327조 제5호의 공소기각의 판결을 선고하여야 합니다.

3. 6호 공소제기 후 처벌불원의사(변시 1회)

가. 교특법 위반

교특법 제3조 제2항 본문 위반은 피해자가 명시한 의사에 반하여 공소를 제기할 수 없는 반의사불벌죄로서, 피해자가 공소가 제기된 이후인 2011. 12. 20. 피고인 이달수에 대하여 처벌을 희망하는 의사표시를 철회하였으므로 이 부분 공소사실에 대하여 형소법 제327조 제6호의 공소기각의 판결이 선고되어야 합니다.

나. 부수법 위반(수표회수의 경우, 법전협 2012년 3차)

부수법 제2조 제4항에 따르면 수표를 발행하거나 작성한 자가 그 수표를 회수하거나 회수하지 못하였더라도 수표소지인의 명시한 의사에 반하는 경우 공소를 제기할 수 없다고 규정하고 있는데, 이는 수표를 발행하거나 작성한 자가 그 수표를 회수한 경우를 수표소지인이 처벌을 희망하지 않는 의사표시를 한 것과 같은 것으로 보아 반의사불벌죄로 규정한 것이라고 해석함이 상당합니다. 따라서 피고인은 공소가 제기된 이후인 2012. 6. 5. 수표를 회수하였으므로, 이 부분 공소사실에 대하여 형소법 제327조 제6호에 의하여 공소기각의 판결이 선고되어야 합니다.

★ 형면제 판결

2명 이상이 공동으로 공갈죄를 범하여 폭처법 제2조 제2항 제3호에 의하여 가중처벌되는 경우에도 형법상 공갈죄의 성질은 그대로 유지되고, 특별법인 위 법률에 친족상도례에 관한 형법 제354조, 제328조의 적용을 배제한다는 명시적인 규정이 없으므로, 이 사건에 있어서도 친족상도례 규정이 적용됩니다.

피고인과 피해자 김경자는 비록 이 사건 범행 이후인 2015. 5. 25.에 이르러 협의이혼신고를 하여 혼인관계가 해소되긴 하였지만, 이 사건 범행 당시에는 피해자 김경자는 피고인의 법률상 배우자였습니다.

따라서 이 부분 공소사실에 대하여 형법 제354조, 제328조 제1항에 따라서 형면제 판결이 선고되어야 합니다.

지은이 **변호사 박 성 현**

[약 력]
- 진주 명신 고등학교 수석 졸업
- 서울대학교 국문학과 졸업
- 부산대 법학전문대학원 수석 졸업
- 現) 법률사무소 유(唯) 대표변호사
- 現) 대한변호사협회 형사법 전문변호사
- 現) 로톡(LAWTALK) 형사상담 1위 변호사
- 現) 유튜브〈교대박변〉법률채널 운영
- 現) 해커스 변호사 형사법 전임교수
- 前) 베리타스법학원 형사법 전임
- 前) 메가로이어스 형사법 전임
- 前) 서울시립대학교 법학전문대학원 형사법 출강
- 前) 부산대학교 법학전문대학원 형사법 출강

[저 서]
- 세법이 있는 법률용어 영어사전(고시계)
- 형사소송법 사례연습(필통북스 2018)
- 형사소송법(필통북스, 2020)
- Rainbow 모의해설 형사법 기록형Ⅰ(학연, 2021)
- Rainbow 모의해설 형사법 기록형Ⅱ(학연, 2021)
- Rainbow 기출해설 형사법 기록형(학연, 2022)
- 형법강의(criminal law)(공저)(학연, 2022)
- Rainbow 모의해설 형사법 기록형Ⅲ(학연, 2022)

2023대비 형사기록 엑기스

발 행 일 : 2022년 04월 04일 발행
저　　자 : 박 성 현
발 행 인 : 이 인 규
발 행 처 : 도서출판 (주)학연
주　　소 : 서울시 관악구 호암로 602, 7층
전　　화 : 02-887-4203　팩　스 : 02-6008-1800
출판등록 : 2012.02.06. 제2012-13호
홈페이지 : www.baracademy.co.kr / e-mail : baracademy@naver.com

저자와 협의하여
인지를 생략함

정가 : 5,000 원　　　ISBN : 979-11-5824-774-4(93360)

* 파본은 구입하신 서점에서 바꿔드립니다
* 본 서는 저작권법에 의하여 보호를 받는 저작물이므로 무단 전재와 복제를 금합니다.